高职高专公共课系列教材

新编经济数学

主　编　李　亮　贾敬堂　郑　丽
副主编　陈　宇　张岳鹏　徐爱华
编　委　郑克敏　韩田君　王艳艳　王海龙

西安电子科技大学出版社

内 容 简 介

本书共八章，内容包括初等数学基础、极限与连续、导数与微分、导数的应用、不定积分、定积分及其应用、微分方程和 Mathematica 数学实验。基本上每章都有相应的习题，并在书末提供了习题的参考答案。

本书适合作为高职高专院校经济管理类各专业的数学教材，也可作为相关人员学习经济数学知识的参考书。

图书在版编目(CIP)数据

新编经济数学 / 李亮，贾敬堂，郑丽主编. —西安：西安电子科技大学出版社，2020.1(2022.6 重印)
ISBN 978-7-5606-5591-8

Ⅰ. ① 新… Ⅱ. ① 李… ② 贾… ③ 郑… Ⅲ. ① 经济数学—高等职业教育—教材 Ⅳ. ① F224.0

中国版本图书馆 CIP 数据核字(2020)第 010835 号

策　　划　刘玉芳
责任编辑　王　瑛
出版发行　西安电子科技大学出版社(西安市太白南路 2 号)
电　　话　(029)88202421　88201467　　邮　　编　710071
网　　址　www.xduph.com　　电子邮箱　xdupfxb001@163.com
经　　销　新华书店
印刷单位　陕西精工印务有限公司
版　　次　2020 年 3 月第 1 版　2022 年 6 月第 2 次印刷
开　　本　787 毫米×1092 毫米　1/16　印张　11.25
字　　数　211 千字
印　　数　3001～6000 册
定　　价　30.00 元
ISBN 978-7-5606-5591-8/F
XDUP 5893001-2

前　言

本书根据教育部制定的《高职高专教育经济数学课程教学基本要求》，由多年从事高职高专数学教学的教师所编写。本书注重概念的直观性和方法的启发性，遵循"以应用为目的，以必需、够用为度"的原则，兼顾知识的系统性，内容通俗易懂、由浅入深，体现了高职高专的教育特色。

本书系统讲解了高职高专教育经济数学的基础知识和基本方法。本书共八章，内容包括初等数学基础（建议 8 学时）、极限与连续（建议 8 学时）、导数与微分（建议 10 学时）、导数的应用（建议 8 学时）、不定积分（建议 8 学时）、定积分及其应用（建议 8 学时）、微分方程（建议 6 学时）和 Mathematica 数学实验（建议 8 学时）。基本上每章都有相应的习题，并在书末提供了习题的参考答案。在 Mathematica 数学实验这一章，给出了用 Mathematica 软件求解经济数学各种问题的方法。

本书理论系统，举例典型、丰富，讲解透彻，难度适宜，适合作为高职高专经济管理类各专业的数学教材，也可作为相关人员学习经济数学知识的参考书。

参加本书编写的有李亮、贾敬堂、郑丽、陈宇、张岳鹏、徐爱华、郑克敏、韩田君、王艳艳、王海龙。

由于编者水平有限，书中难免存在不足之处，敬请广大师生不吝赐教，以使本书在教学实践之中不断完善。

编　者

2019 年 11 月

目　录

第一章　初等数学基础

本章先对初等数学中的代数基础运算知识作以简单回顾与复习，然后在已有函数知识的基础上，进一步理解函数概念，并介绍反函数、复合函数和初等函数及其主要性质，为经济数学后续几章的学习打下基础。

第一节　代数基础运算

一、整式运算与乘法公式

首先复习有关整式的概念。

1. 单项式

由数与字母乘积组成的式子称为单项式。单独的一个数或一个字母也是单项式，例如 $5xy^2$、$\frac{1}{2}ab$、-1。

单项式包括三种类型：数字与字母相乘组成的式子，字母与字母相乘组成的式子，单独的一个数或单独的一个字母。

其中数字因数称为这个单项式的系数，所有字母的指数之和称为这个单项式的次数。例如 $5xy^2$ 的系数为 5，次数为 3。

2. 多项式

几个单项式的和称为多项式。这里的每个单项式称为多项式的项，不含字母的项称为常数项。多项式里次数最高项的次数称为这个多项式的次数。例如 $6x^2-2x-7$ 是一个二次三项式，其中常数项为 -7。

3. 整式

单项式与多项式统称为整式，例如 $3xy^2+2$、$\frac{a+b}{3}$等。

4. 分式

如果 A、B 表示两个整式，分母 B 中含有字母且不为零，那么形如$\frac{A}{B}$的式子称为分式，例如$\frac{m+1}{m}(m\neq 0)$、$\frac{2x}{(x+1)^2}(x\neq -1)$等。

整式的运算是初等数学的运算基础，下面给出关于整式乘法的运算。

单项式与单项式相乘：它们的积仍然是单项式，积的系数等于原来两个单项式的系数的积，它的各个字母的幂指数等于在原来两个单项式中相应的字母的幂指数的和。若某一字母只含在一个单项式里，则在乘积中这一字母的指数不变。例如 $2a\cdot 3a^2b=6a^3b$。

单项式与多项式相乘：根据乘法分配律，用单项式去乘多项式的每一项，再把所得的积相加，即

$$m(a+b+c)=ma+mb+mc$$

多项式与多项式相乘：先将一个多项式的每一项与另一个多项式的每一项相乘，再把所得的积相加，即

$$(m+n)(a+b)=ma+mb+na+nb$$

由此可以得到下列常用的乘法公式：

$$(a+b)^2=a^2+2ab+b^2,\quad (a-b)^2=a^2-2ab+b^2$$

$$(a+b)^3=a^3+3a^2b+3ab^2+b^3,\quad (a-b)^3=a^3-3a^2b+3ab^2-b^3$$

$$(a+b+c)^2=a^2+b^2+c^2+2ab+2ac+2bc$$

二、因式分解与分式裂项

把一个多项式化为几个最简整式乘积的形式，这种变形称为把这个多项式因式分解(也称为分解因式)。因式分解的方法主要有提公因式法、公式法、分组分解法、十字相乘法等，我们可以按照顺序将多项式进行因式分解。

提公因式法：如果多项式的各项有公因式，可以把这个公因式提到括号外面，将多项式写成因式乘积的形式。如：

$$ma+mb+mc=m(a+b+c)$$

公式法：利用分解公式，对多项式进行因式分解。常用的分解公式如下：

平方差公式：$a^2-b^2=(a+b)(a-b)$；

完全平方公式：$a^2+2ab+b^2=(a+b)^2$，$a^2-2ab+b^2=(a-b)^2$；

立方差公式：$a^3-b^3=(a-b)(a^2+ab+b^2)$；

立方和公式：$a^3+b^3=(a+b)(a^2-ab+b^2)$；

十字相乘公式：$x^2+(a+b)x+ab=(x+a)(x+b)$。

分组分解法：对于一个多项式的整体，当不能直接运用提公因式法和公式法进行因式分解时，可考虑分步处理的方法，即把这个多项式分成几组，先对各组分别进行因式分解，然后对整体进行因式分解。

例 1-1　将多项式 $a^2-4ab+4b^2-c^2$ 进行因式分解。

解

$$\begin{aligned} a^2-4ab+4b^2-c^2 &= (a^2-4ab+4b^2)-c^2 \\ &= (a-2b)^2-c^2 \\ &= (a-2b+c)(a-2b-c) \end{aligned}$$

十字相乘法：利用十字交叉线来分解系数。分解二次三项式时，十字左边相乘等于二次项系数，右边相乘等于常数项，交叉相乘再相加等于一次项系数。

对于二次三项式 x^2+bx+c，若存在$\begin{cases} pq=c \\ p+q=b \end{cases}$，则 $x^2+bx+c=(x+p)(x+q)$。

例 1-2　将多项式 $x^2-10x+16$ 进行因式分解。

解　由于

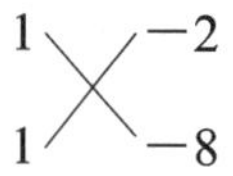

因此

$$x^2-10x+16=(x-2)(x-8)$$

分式裂项：关于分式的计算，根据通分的逆运算，将一个分式拆分为几个分式的和。常见的公式如下：

$$\frac{1}{x(x+1)}=\frac{1}{x}-\frac{1}{x+1},\qquad \frac{1}{(x+a)(x+b)}=\frac{1}{b-a}\left(\frac{1}{x+a}-\frac{1}{x+b}\right)$$

例 1-3　对分式$\frac{1}{x^2-3x-4}$进行裂项运算。

解　$\frac{1}{x^2-3x-4}=\frac{1}{(x-4)(x+1)}=\frac{1}{5}\left(\frac{1}{x-4}-\frac{1}{x+1}\right)$

三、一元二次方程的解法

只含有一个未知数，并且未知数的最高次数是 2 的整式方程称为一元二次方程，它的一般形式是 $ax^2+bx+c=0(a\neq0)$。解一元二次方程的基本思想是降次，即将其转化为一元一次方程。常用的方法有直接开平方法、配方法、公式法、因式分解法。

利用判别式 $\Delta=b^2-4ac$ 可以确定一元二次方程 $ax^2+bx+c=0$ 实数根的情况：

(1) 当 $\Delta>0$ 时，一元二次方程有两个不相等的实数根，分别为

$$x_1=\frac{-b-\sqrt{b^2-4ac}}{2a},\quad x_2=\frac{-b+\sqrt{b^2-4ac}}{2a}$$

(2) 当 $\Delta=0$ 时，一元二次方程有两个相等的实数根(即重根)，为

$$x_{1,2}=-\frac{b}{2a}$$

(3) 当 $\Delta<0$ 时，一元二次方程没有实数根。

如果一元二次方程 $ax^2+bx+c=0(a\neq0)$的两个实数根是 x_1 与 x_2，则有

$$x_1+x_2=-\frac{b}{a},\quad x_1x_2=\frac{c}{a}$$

注意它的使用条件为 $a\neq0$ 且 $\Delta>0$。

例 1-4 已知方程 $5x^2+kx-6=0$ 的一个根是 2，求另一个根及 k 的值。

解 设方程另外一个根为 x_1，则由一元二次方程根与系数的关系，得

$$x_1+2=-\frac{k}{5},\quad 2x_1=-\frac{6}{5}$$

从而解得 $x_1=-\frac{3}{5}$，$k=-7$。

四、一元二次不等式的解法

含有一个未知数且未知数的最高次数为 2 的不等式称为一元二次不等式，它的一般形式是 $ax^2+bx+c>0$ 或 $ax^2+bx+c<0(a\neq0)$。

利用不等式与函数的关系，通过图像进行讨论可以直观地得到一元二次不等式解的情况。以 $ax^2+bx+c>0(a>0)$为例，函数 $y=ax^2+bx+c$ 是一条开口向上的抛物线，如果它与 x 轴有两个交点(使方程为零的点)，如图 1-1 所示，则当 $x<x_1$或 $x>x_2$ 时，函数 $y=ax^2+bx+c>0$，即

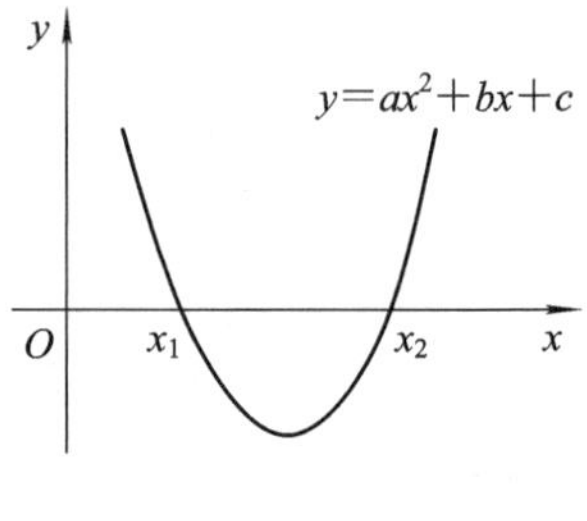

图 1-1

图像在 x 轴上方。

由此可得：在 $a>0$ 的情况下，不等式 $ax^2+bx+c>0$ 或 $ax^2+bx+c<0$ 的解的情况是“大于号取两边，小于号取中间”；而在 $a<0$ 的情况下，可以先将其二次项的系数转化为正数后再进行求解。

例 1－5 求不等式 $-3x^2+6x-2>0$ 的解集。

解 原不等式可写为 $3x^2-6x+2<0$，因为方程 $3x^2-6x+2=0$ 的解为

$$x_1=1-\frac{\sqrt{3}}{3},\quad x_2=1+\frac{\sqrt{3}}{3}$$

所以原不等式的解集为

$$\left\{x\middle|1-\frac{\sqrt{3}}{3}<x<1+\frac{\sqrt{3}}{3}\right\}$$

第二节　函数的定义与特性

无论在实际生活中，还是在经济应用里，到处体现着变量与变量之间的关系，这些变量之间的关系抽象出来就是函数，本节对函数的有关知识进行概括性的总结。

一、函数的概念

在观察各种自然现象或研究实际问题时，经常遇到两种量：一种是所考察过程中保持不变的量，即常量；另一种是在这一过程中会起变化的量，即变量。比如圆周率 π、某一时期的一年期存款利率等为常量，而上证综指每个交易日的收盘价、某银行账户上每天的存款等为变量。

现实世界中各种变化着的量不是孤立的，而是相互联系和相互制约的，这种变量间的相互关系反映到数学上就是函数，它描述了自然现象中量的变化规律。这种函数关系可以用解析式表示，也可以用表格、图形表示。

例 1－6 某工厂生产某产品，每天最多生产 100 单位。它每天的固定成本为 130 元，生产一个单位产品的可变成本为 6 元。求该厂每天的总成本函数及平均单位成本函数。

解 设日总成本为 C，平均单位成本为 $\overline{C}$，日产量为 x。由于每天的总成本为固定成本与可变成本之和，因此根据题意，每天的总成本函数为

$$C = C(x) = 130 + 6x,\ x \in (0,100]$$

平均单位成本函数为

$$\overline{C} = \overline{C}(x) = \frac{C(x)}{x} = \frac{130}{x} + 6$$

例 1－7 利率是经济的指挥棒。表 1－1 是 2015 年中国人民银行公布的一年期存款利率。

表 1－1

调息日期	一年期存款利率(%)
2015.03.01	3.10
2015.05.11	2.85
2015.06.28	2.60
2015.08.26	2.35
2015.10.24	2.10

例 1－8 股市是经济的晴雨表。图 1－2 是 2019 年 10 月 12 日我国股市上证指数分时图。

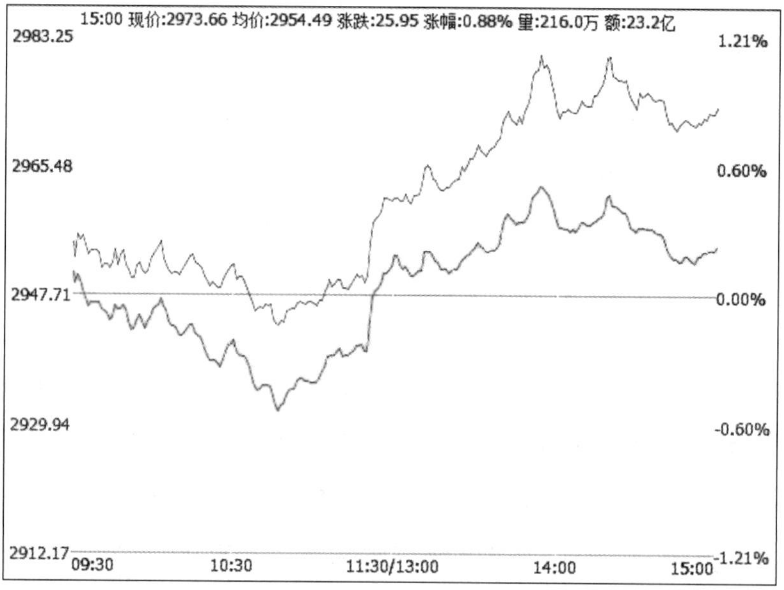

图 1－2

上述例题中所体现的就是函数的不同表示形式。

1837 年德国数学家狄利克雷提出了至今仍为人们易于接受且较为合理的函数概念。

定义 1-1 设 x 和 y 是两个变量，D 是一个给定的数集，如果对于每个数 $x\in D$，变量 y 按照一定的法则总有确定的数值和它对应，则称 y 是 x 的函数，记作

$$y = f(x)$$

其中 x 称为自变量，y 称为因变量。x 的变化范围 D 称为函数的定义域，对应的 y 的变化范围称为函数的值域，记作

$$W = \{y \mid y = f(x),\ x \in D\}$$

由定义 1-1 可以看出，函数概念有两个要素：定义域和对应法则。如果两个函数的定义域相同，对应法则也相同，则这两个函数就是相同的，否则是不同的。

函数的表示方法一般有三种：公式法、图示法、表格法。公式法也称解析法，常用于理论研究，是我们使用最多的方法。

求函数的定义域时要注意以下几个方面：分式的分母不能为零；偶次根式中被开方数非负；对数的底数大于零且不等于 1，真数大于零；若函数由多个式子表示，则求出它们的交集(可以借助数轴求解)；实际问题要考虑使问题有实际意义。

例 1-9 求下列函数的定义域：

(1) $f(x)=\sqrt{3-x}+\sqrt{x-1}$；

(2) $f(x)=\dfrac{\sqrt{x-1}}{x^2-3x+2}$。

解 (1) 由 $\begin{cases}3-x\geqslant 0\\ x-1\geqslant 0\end{cases}$，解得 $1\leqslant x\leqslant 3$，所以函数的定义域为 $\{x\mid 1\leqslant x\leqslant 3\}$。

(2) 由 $\begin{cases}x-1\geqslant 0\\ x^2-3x+2\neq 0\end{cases}$，解得 $x\geqslant 1$，且 $x\neq 1$、$x\neq 2$，所以函数的定义域为 $(1,2)\cup(2,+\infty)$。

在实际问题当中，我们时常会遇到自变量在不同取值范围内用不同的解析式来表示的函数，我们把这类函数称为分段函数。

定义 1-2 若在自变量的不同变化范围内，函数的对应关系也不同，必须用两个或两个以上的解析式表示，则称这类函数为分段函数。

分段函数是定义域上的一个函数，不是多个函数。分段函数需要分段求值，分段作图。

例 1-10 某商品共有 1000 吨可供销售，每吨售价 80 元。若销售量 q 不超过 800 吨，则按原价出售；若销售量 q 超过 800 吨，则超过部分按 9 折的价格优惠出售。试求收益函数 $R(q)$。

解 由题意知，在不同销售量(需求量)范围售价不同，应该分段考虑。由于

$$\text{收益} = \text{需求量} \times \text{售价}$$

因此，当 $0 \leqslant q \leqslant 800$ 时，售价为 80 元，收益 $R(q)=80q$；当 $800<q\leqslant 1000$ 时，售价为 $80\times 0.9=72$ 元，超过部分为 $(q-800)$，收益 $R(q)$ 为

$$R(q) = 80 \times 800 + 72(q - 800) = 6400 + 72q$$

综上可得收益函数为

$$R(q) = \begin{cases} 80q, & 0 \leqslant q \leqslant 800 \\ 6400 + 72q, & 800 < q \leqslant 1000 \end{cases}$$

显然，该函数的定义域为 $[0,1000]$。

注意：求分段函数的函数值 $f(x_0)$ 时，应根据 x_0 所在的范围代入相应的解析式；分段函数的图像要在同一坐标系中分段作出；分段函数的定义域是它的各部分的自变量取值范围的并集，其各部分的自变量的取值范围不允许有重复取值。

例 1-11 画出下列函数的图像。

(1) $f(x)=\begin{cases} 2x-1, & x>0 \\ x^2-1, & x\leqslant 0 \end{cases}$； (2) $f(x)=\begin{cases} 2\sqrt{x}, & 0\leqslant x\leqslant 1 \\ 1+x, & x>1 \end{cases}$。

解 (1) 函数图像如图 1-3 所示。

(2) 函数图像如图 1-4 所示。

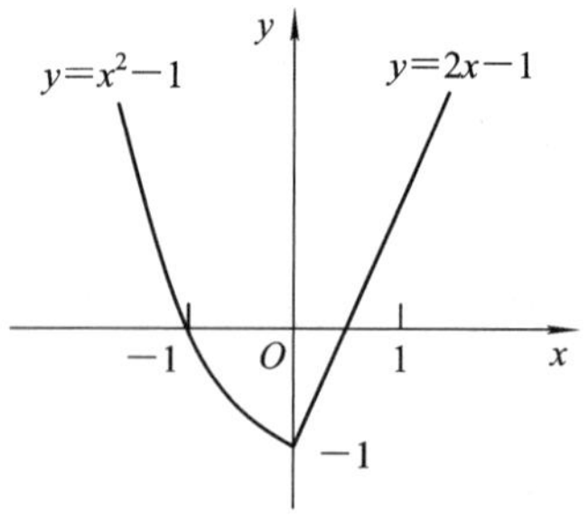

图 1-3

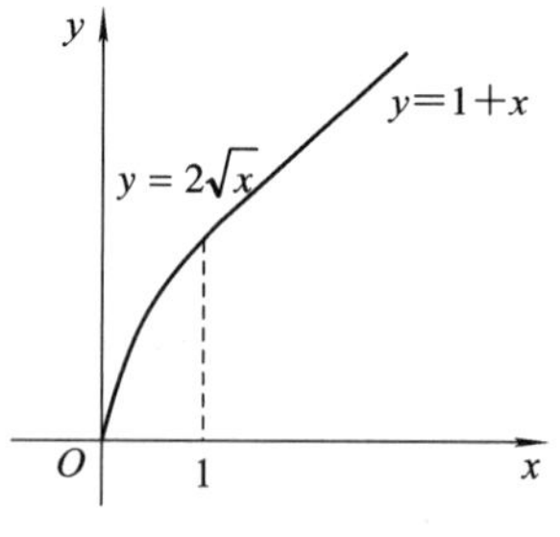

图 1-4

例 1-12 绝对值函数

$$f(x) = |x| = \begin{cases} -x, & x < 0 \\ x, & x \geqslant 0 \end{cases}$$

其定义域 $D=(-\infty,+\infty)$，值域 $W=[0,+\infty)$，如图 1-5 所示，它就是一个

分段函数，在定义域不同的范围内，取不同的解析式来表示函数性态。

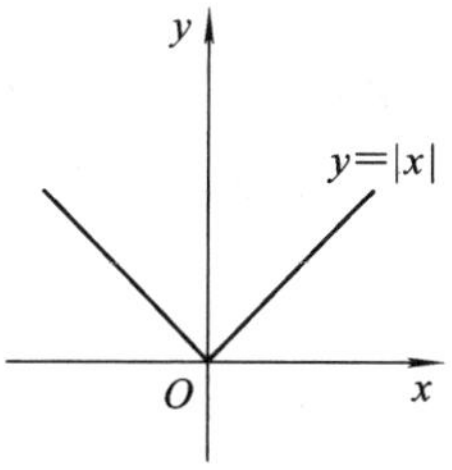

图 1-5

二、函数的特性

函数的四种特性是指函数的有界性、单调性、奇偶性、周期性。这四种特性是从不同角度来研究函数的。

1. 函数的有界性

定义 1-3 设函数 $f(x)$的定义域为 D，区间 $I\subset D$。如果存在正数 M，使得对于任意 $x\in I$，恒有

$$|f(x)|\leqslant M$$

则称函数 $f(x)$在区间 I 上有界；如果这样的 M 不存在，则称函数 $f(x)$在区间 I 上无界。

显然，如果函数 $f(x)$在区间 I 上有界，则使上述不等式成立的常数 M 不是唯一的，有界性体现在常数 M 的存在性上。

函数的有界性依赖于区间，例如函数 $y=\frac{1}{x}$在区间$(1,2)$内是有界的，而在区间$(0,1)$内是无界的。

2. 函数的单调性

定义 1-4 设函数 $f(x)$的定义域为 D，区间 $I\subset D$。如果对于区间 I 内的任意两点 x_1 及 x_2，当 $x_1<x_2$ 时，恒有

$$f(x_1)<f(x_2)$$

则称函数 $f(x)$在区间 I 内是单调增加的(简称递增)；如果对于区间 I 内的任意两点 x_1 及 x_2，当 $x_1<x_2$ 时，恒有

$$f(x_1)>f(x_2)$$

则称函数 $f(x)$在区间 I 内是单调减少的(简称递减)。

单调增加函数和单调减少函数统称为单调函数。使函数保持单调的区间称为单调区间。

单调增加函数的图像是沿 x 轴正向逐渐上升的，可以用符号↗表示；单调

减少函数的图像是沿 x 轴正向逐渐下降的，可以用符号↘表示。

例如，$y=x^3$ 在区间$(-\infty, +\infty)$内是单调增加的；$y=x^2$ 的定义域为$(-\infty, +\infty)$，$(-\infty, 0)$是它的单调减区间，$(0, +\infty)$是它的单调增区间。

判断函数单调性的方法有观察图像法、定义法、求导法等。

3. 函数的奇偶性

定义 1－5 设函数 $f(x)$的定义域 D 关于原点对称(即若 $x\in D$，则$-x\in D$)。如果对于任意 $x\in D$，$f(-x)=-f(x)$恒成立，则称 $f(x)$为奇函数；如果对于任意 $x\in D$，$f(-x)=f(x)$恒成立，则称 $f(x)$为偶函数。

例如，$y=x^3$，$y=\sin x$，$y=\tan x$ 等是奇函数；$y=x^2$，$y=\cos x$ 等是偶函数。

奇函数的图像是关于原点中心对称的；偶函数的图像是关于 y 轴对称的。

奇偶函数运算有如下特点：

(1) 两个偶函数相加所得的和为偶函数，两个奇函数相加所得的和为奇函数。

(2) 两个偶函数相乘所得的积为偶函数，两个奇函数相乘所得的积为偶函数，一个偶函数与一个奇函数相乘所得的积为奇函数。

4. 函数的周期性

定义 1－6 设函数 $f(x)$的定义域为 D，若存在一个不为零的实数 T，使得当 $x\in D$ 时有 $x\pm T\in D$，且 $f(x)=f(x\pm T)$恒成立，则称 $f(x)$为周期函数，T 为 $f(x)$的周期。通常我们说周期函数的周期是指使 $f(x)=f(x\pm T)$成立的最小正周期。

例如，$y=\sin x$ 及 $y=\cos x$ 都是以 2π 为周期的周期函数，$y=\tan x$ 是以 π 为周期的周期函数。

上述四种特性中，有界性和单调性是函数的局部特性，奇偶性和周期性是函数的整体特性。

三、反函数

在函数关系中，自变量和因变量的地位往往是相对的，可以把任意一个变量看作是自变量或因变量。

如某种商品的单价为 p，销售量为 x，则销售总收入 R 是 x 的函数，即

$$R = px$$

此时 x 是自变量；而如果已知总收入 R，反过来求销售量 x，则有

$$x = \frac{R}{p}$$

此时 R 是自变量。这时我们称后一函数是前一函数的反函数。

定义 1-7 设函数 $y=f(x)$ 的定义域为 D，值域为 W。如果对于 W 中的每一个 y，都有唯一的 $x\in D$ 与 y 对应，此时得到一个定义在 W 上的新函数，此函数称为 $y=f(x)$ 的反函数，记作 $x=f^{-1}(y)$，而 $y=f(x)$ 称为直接函数。

由定义 1-7 可知，反函数 $x=f^{-1}(y)$ 的定义域是直接函数的值域，反函数的值域是直接函数的定义域。

函数的两个要素为定义域和对应法则，而用什么字母表示自变量和因变量是无关紧要的。习惯上常以 x 表示自变量，y 表示因变量，因此常常对调 x 与 y，把反函数 $x=f^{-1}(y)$ 改写成 $y=f^{-1}(x)$。今后提到的反函数，一般就是指这种经过改写的反函数。

例如，$y=10^x$ 的反函数是 $x=\lg y$，可改写成 $y=\lg x$。

由于 $y=f(x)$ 与 $y=f^{-1}(x)$ 的关系是 x 与 y 互换，因此它们的图像关于直线 $y=x$ 对称(见图 1-6)。

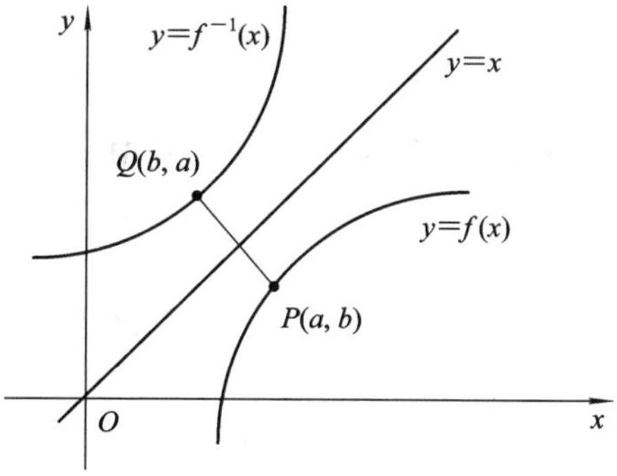

图 1-6

第三节 初 等 函 数

基本初等函数是最常见、最基本的函数。基本初等函数包括常数函数、幂函数、指数函数、对数函数、三角函数、反三角函数。

一、常数函数、幂函数

1. 常数函数

函数

$$y=C \quad (C\text{ 为常数})$$

称为常数函数，其定义域为 $(-\infty,+\infty)$，值域为 $\{C\}$，图像为一条平行于 x 轴的直线(见图 1-7)。

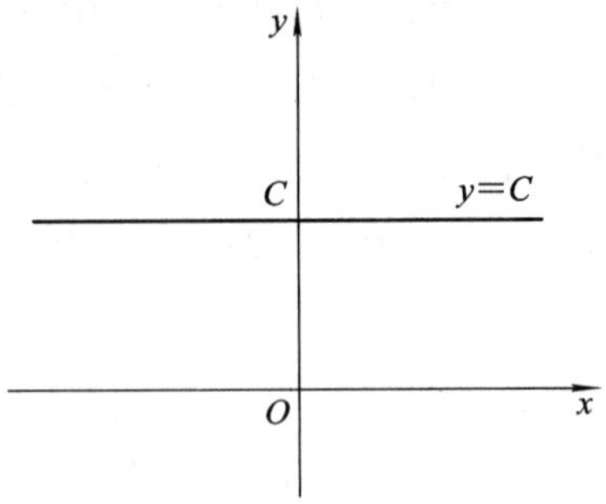

图 1-7

2. 幂函数

函数

$$y = x^k \quad (k \text{ 是常数})$$

称为幂函数。对于任意的 k，x^k 在$(0, +\infty)$内都有定义；对于不同的 k，x^k 的定义域有所不同。幂函数的图像都经过点$(1, 1)$。

例 1-13 常用幂函数如下：

(1) $y=x$，定义域 D 为$(-\infty, +\infty)$，值域 W 为$(-\infty, +\infty)$，图像为直线(见图 1-8)。

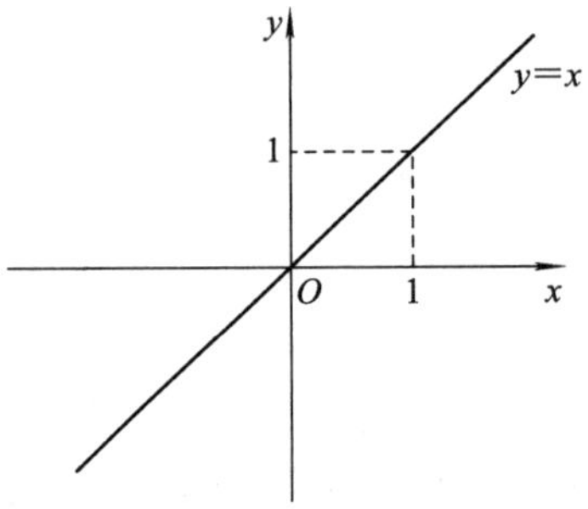

图 1-8

(2) $y=x^2$，定义域 D 为$(-\infty, +\infty)$，值域 W 为$[0, +\infty)$，图像为抛物线(见图 1-9)。

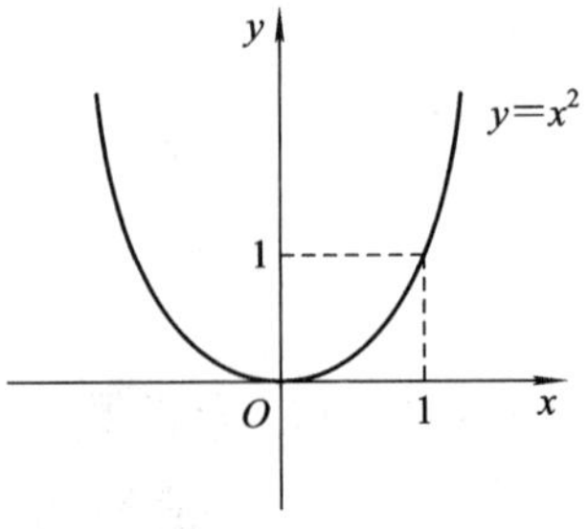

图 1-9

(3) $y=x^3$，定义域 D 为$(-\infty, +\infty)$，值域 W 为$(-\infty, +\infty)$，图像为立方抛物线（见图 1-10）。

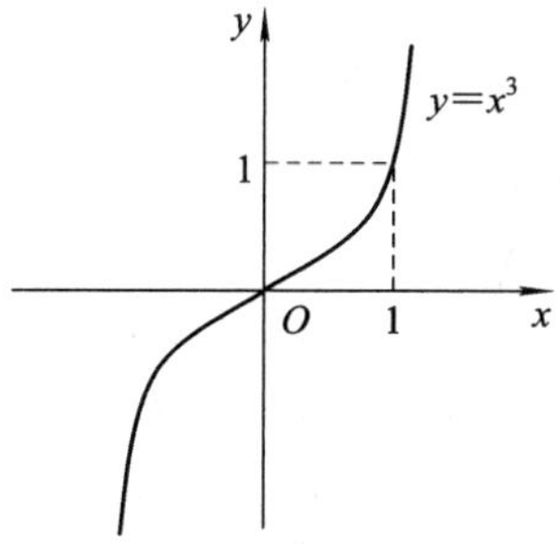

图 1-10

(4) $y=x^{\frac{1}{2}}=\sqrt{x}$，定义域 D 为$[0, +\infty)$，值域 W 为$[0, +\infty)$，图像如图 1-11 所示。

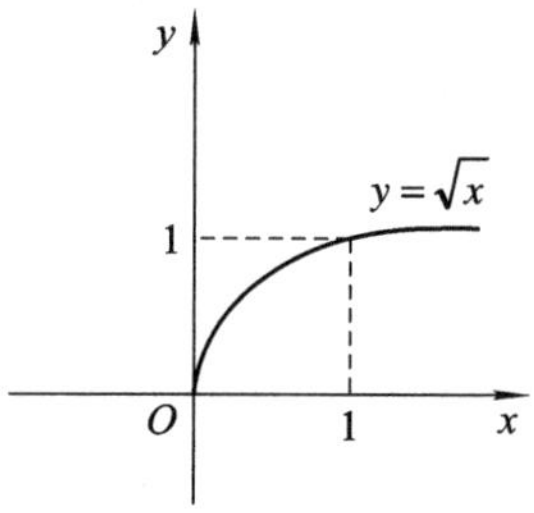

图 1-11

(5) $y=x^{-1}=\dfrac{1}{x}$，定义域 D 和值域 W 都是除去数 0 之外的所有实数，图像为等轴双曲线（见图 1-12）。

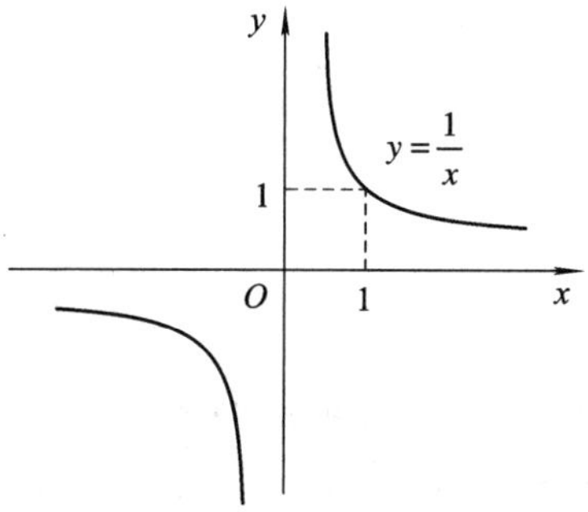

图 1-12

二、指数函数

函数

$$y=a^x \quad (a \text{ 是常数且 } a>0, a\neq 1)$$

称为指数函数，其定义域为$(-\infty, +\infty)$，值域为$(0, +\infty)$，图像过点$(0, 1)$。当$0<a<1$时，a^x是单调减少函数；当$a>1$时，a^x是单调增加函数(见图1-13)。

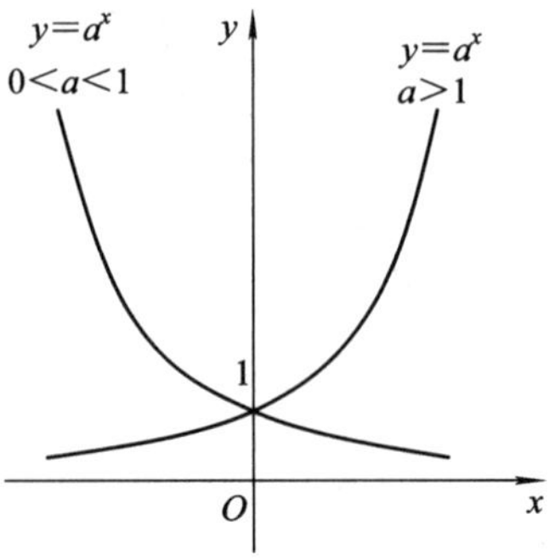

图1-13

经济数学中常用的是以e为底的指数函数，即$y=e^x$。

常见的指数运算性质如下：

(1) $a^0=1$ $(a\neq 0)$；

(2) $a^m \cdot a^n=a^{m+n}$；

(3) $\dfrac{a^m}{a^n}=a^{m-n}$；

(4) $(a^m)^n=a^{mn}$；

(5) $(a \cdot b)^m=a^m \cdot b^m$；

(6) $\left(\dfrac{a}{b}\right)^m=\dfrac{a^m}{b^m}$；

(7) $a^{-n}=\dfrac{1}{a^n}$ $(a\neq 0)$；

(8) $a^{\frac{m}{n}}=\sqrt[n]{a^m}$，其中$a>0$，$m$、$n$为正整数。

三、对数函数

函数

$$y=\log_a x \quad (a\text{ 是常数且 } a>0, a\neq 1)$$

称为对数函数，它是指数函数$y=a^x$的反函数，其定义域为$(0, +\infty)$，值域为$(-\infty, +\infty)$，图像过点$(1, 0)$。当$0<a<1$时，$\log_a x$是单调减少函数；当$a>1$时，$\log_a x$是单调增加函数(见图1-14)。

特别地，以e为底的对数函数$y=\ln x$，称为自然对数。

对数的运算性质如下：

(1) $\log_a 1=0$；

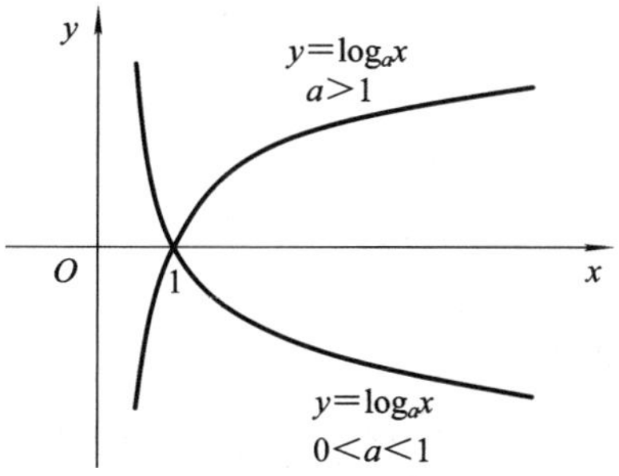

图 1-14

(2) $\log_a a = 1$;

(3) $\log_a(xy) = \log_a x + \log_a y$;

(4) $\log_a \dfrac{x}{y} = \log_a x - \log_a y$;

(5) $\log_a x^b = b\log_a x$;

(6) $a^{\log_a x} = x$, $e^{\ln x} = x$;

(7) $\log_a b = \dfrac{\log_c b}{\log_c a}$,其中 $a>0$、$c>0$ 且 $a\neq 1$、$c\neq 1$。

四、三角函数与反三角函数

1. 三角函数的基本知识

在 Rt△ABC 中,A、B、C 为三个顶点,a、b 为直角边,c 为斜边(见图 1-15)。

三角函数有六个,利用图 1-15 所示的直角三角形可以定义如下三角函数:

正弦函数:

$$\sin x = \frac{a}{c}$$

余弦函数:

$$\cos x = \frac{b}{c}$$

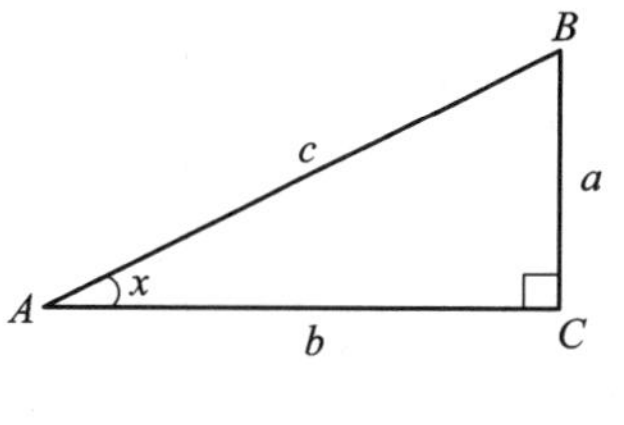

图 1-15

正切函数:

$$\tan x = \frac{a}{b}$$

余切函数:

$$\cot x = \frac{b}{a}$$

正割函数:

$$\sec x = \frac{c}{b}$$

余割函数：

$$\csc x = \frac{c}{a}$$

由此可得三角函数之间的关系：

$$\tan x = \frac{\sin x}{\cos x}, \quad \cot x = \frac{\cos x}{\sin x}$$

$$\sec x = \frac{1}{\cos x}, \quad \csc x = \frac{1}{\sin x}$$

$$\sin^2 x + \cos^2 x = 1, \quad 1 + \tan^2 x = \sec^2 x, \quad 1 + \cot^2 x = \csc^2 x$$

三角函数诱导公式为

$$\sin(-\theta) = -\sin\theta, \quad \cos(-\theta) = \cos\theta, \quad \tan(-\theta) = -\tan\theta$$

三角函数倍角公式为

$$\sin 2x = 2\sin x\cos x$$

$$\cos 2x = \cos^2 x - \sin^2 x = 2\cos^2 x - 1 = 1 - 2\sin^2 x$$

$$\tan 2x = \frac{2\tan x}{1 - \tan^2 x}$$

常用特殊角的三角函数值见表 1－2。

表 1－2

角 θ	$0°$	$30°$	$45°$	$60°$	$90°$
弧度	0	$\frac{\pi}{6}$	$\frac{\pi}{4}$	$\frac{\pi}{3}$	$\frac{\pi}{2}$
正弦 $\sin\theta$	0	$\frac{1}{2}$	$\frac{\sqrt{2}}{2}$	$\frac{\sqrt{3}}{2}$	1
余弦 $\cos\theta$	1	$\frac{\sqrt{3}}{2}$	$\frac{\sqrt{2}}{2}$	$\frac{1}{2}$	0
正切 $\tan\theta$	0	$\frac{\sqrt{3}}{3}$	1	$\sqrt{3}$	不存在
余切 $\cot\theta$	不存在	$\sqrt{3}$	1	$\frac{\sqrt{3}}{3}$	0

2. 三角函数的图像与性质

正弦函数 $y=\sin x$ 的定义域为$(-\infty, +\infty)$，值域为$[-1, 1]$。它是有界函数、奇函数，也是周期为 2π 的周期函数(见图 1－16)。

余弦函数 $y=\cos x$ 的定义域为$(-\infty, +\infty)$，值域为$[-1, 1]$。它是有界函数、偶函数，也是周期为 2π 的周期函数(见图 1-17)。

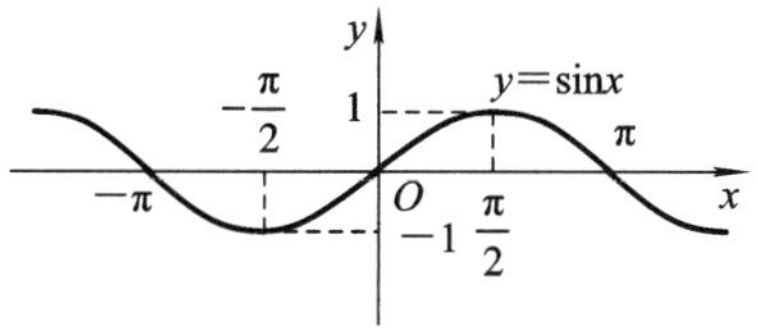

图 1-16

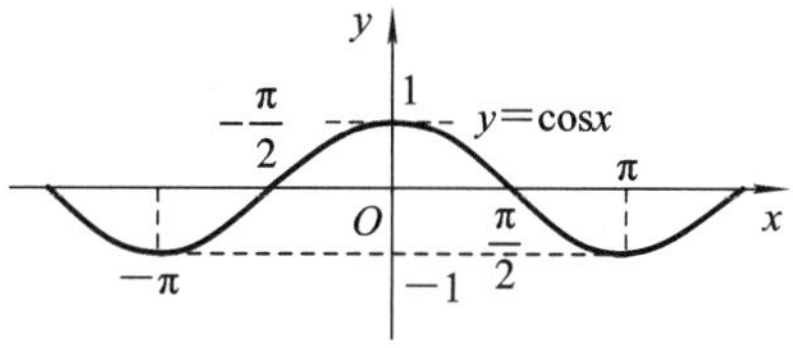

图 1-17

正切函数 $y=\tan x$ 的定义域为 $\left\{x \mid x\in\mathbf{R}, x\neq k\pi+\frac{\pi}{2}, k\in\mathbf{Z}\right\}$，值域为$(-\infty, +\infty)$。它是奇函数，也是周期为 π 的周期函数(见图 1-18)。

余切函数 $y=\cot x$ 的定义域为$\{x \mid x\in\mathbf{R}, x\neq k\pi, k\in\mathbf{Z}\}$，值域为$(-\infty, +\infty)$。它是奇函数，也是周期为 π 的周期函数(见图 1-19)。

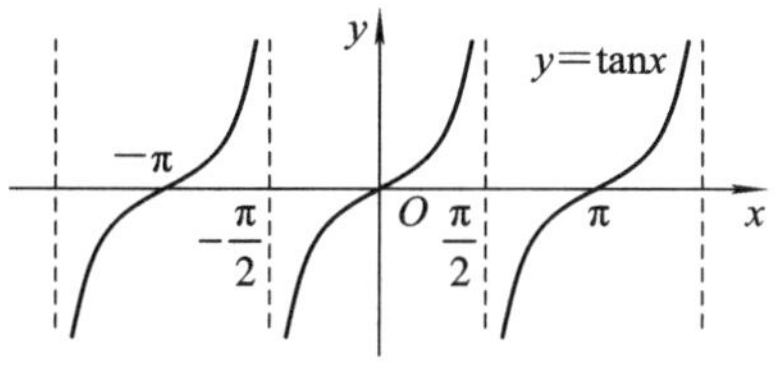

图 1-18

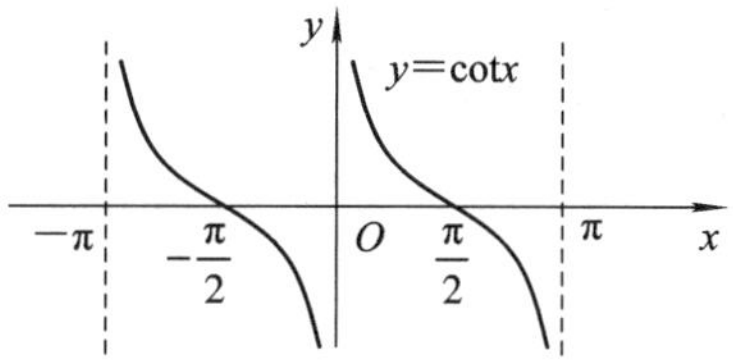

图 1-19

3. 反三角函数

常用的反三角函数有反正弦函数 $\arcsin x$、反余弦函数 $\arccos x$、反正切函数 $\arctan x$、反余切函数 $\text{arccot}\, x$，它们都是各三角函数在一个单调区间上的反函数。

五、复合函数

先介绍一下简单函数。简单函数就是基本初等函数经过有限次的加减乘除四则运算得到的函数。例如，$y=2x^3+5x^2-7x+3$ 就是简单函数。

再看另外一个例子。设

$$y=u^5, u=2-3x$$

把 $u=2-3x$ 代入 $y=u^5$，可以得到函数

$$y=(2-3x)^5$$

这个函数就是由 $y=u^5$ 及 $u=2-3x$ 复合而成的复合函数。

定义 1-8 设函数 $y=f(u)$的定义域为 D，函数 $u=\varphi(x)$的值域为 Z，若

$D\cap Z\neq\varnothing$，则称函数 $y=f[\varphi(x)]$为复合函数。其中 x 为自变量，y 为因变量，u 为中间变量。

中间变量一般用 u、v、w 表示。

例 1－14 将复合函数分解成简单函数：

（1）$y=\sqrt{1-x^2}$；

（2）$y=\sin x^2$。

解 （1）复合函数 $y=\sqrt{1-x^2}$可以看作由简单函数

$$y=\sqrt{u} \quad 及 \quad u=1-x^2$$

复合而成，它的定义域为$[-1,1]$，是 $u=1-x^2$ 定义域$(-\infty,+\infty)$的子集。

（2）复合函数 $y=\sin x^2$ 可以看作由简单函数

$$y=\sin u \quad 及 \quad u=x^2$$

复合而成，它的定义域为$(-\infty,+\infty)$，也就是 $u=x^2$ 的定义域。

注意：不是任何两个简单函数都可以复合成一个复合函数的。

复合函数不仅可以由两个简单函数复合而成，也可以由三个或三个以上的简单函数复合而成。

例 1－15 将复合函数分解成简单函数：

（1）$y=e^{\tan^3 x}$；

（2）$y=\sqrt{\ln(\sin x^2)}$。

解 （1）复合函数 $y=e^{\tan^3 x}$可以看作由三个简单函数

$$y=e^u,\quad u=v^3,\quad v=\tan x$$

复合而成。

（2）复合函数 $y=\sqrt{\ln(\sin x^2)}$可以看作由四个简单函数

$$y=\sqrt{u},\quad u=\ln v,\quad v=\sin w,\quad w=x^2$$

复合而成。

上面这种将一个复合函数分解成多个简单函数的复合，在后面函数的导数运算中是十分重要的。

定义 1－9 由基本初等函数经过有限次四则运算及有限次的函数复合步骤所构成并且可以用一个式子表示的函数，称为初等函数。

例如，$y=\sqrt{1+x^2}$，$y=e^{x^2}$ 等都是初等函数。

分段函数一般不是初等函数，但各段的表达式可能是初等函数。而绝对值函数 $y=|x|$虽可分段表示，但由于$|x|=\sqrt{x^2}$，故仍是初等函数。今后我们遇到的函数有许多不是初等函数，但在本课程中具体讨论的大都是初等函数。

习 题 一

1. 分解因式：

(1) $4x(x-y)^2-12(x-y)^3$；

(2) $9a^2-24ab+16b^2$；

(3) $ma^2-18ma-40m$。

2. 解方程：

(1) $4(x-3)^2-25(x-2)^2=0$；

(2) $5(x-3)^2-x^2+9=0$；

(3) $(2x+1)^2+4(2x+1)+4=0$。

3. 求下列函数的定义域：

(1) $f(x)=\dfrac{1}{x^2-3x-4}$；

(2) $f(x)=\sqrt{\ln(3-x)}$；

(3) $f(x)=\dfrac{1}{x-1}+\sqrt{x^2-5x+6}$。

4. 判断下列函数的有界性：

(1) $y=\tan x$，$x\in\left(-\dfrac{\pi}{2},\dfrac{\pi}{2}\right)$；

(2) $y=\ln x$，$x\in(1,\mathrm{e})$。

5. 判断下列函数的奇偶性：

(1) $y=x\sin x$；

(2) $y=x\mathrm{e}^x$；

(3) $y=\dfrac{\mathrm{e}^x-\mathrm{e}^{-x}}{2}$；

(4) $y=\ln\dfrac{1-x}{1+x}$。

6. 把下列复合函数分解成简单函数：

(1) $y=\sqrt{2x-3}$；

(2) $y=\cos 3x$；

(3) $y=\mathrm{e}^{x^2}$；

(4) $y=\ln\sin x$；

(5) $y=\sin\tan(x^3-1)$；

(6) $y=\ln^2\cos\mathrm{e}^x$。

第二章　极限与连续

微积分是经济数学的主要研究内容，而极限理论是微积分的理论基础，极限方法是微积分的基本分析方法，所以掌握并运用好极限方法是学好经济数学的关键。

本章介绍极限的概念、性质及运算法则，在此基础上建立函数连续的概念，并讨论连续函数的性质。

第一节　极限的概念

极限的思想是由于求某些实际问题的精确解而产生的。例如，魏晋时期的数学家刘徽利用圆的内接正多边形来推算圆的面积的方法——割圆术，就是极限思想在几何上的应用；又如，春秋战国时期的哲学家庄子对"截杖问题"的一段名言："一尺之棰，日取其半，万世不竭"，也隐含了极限思想。

一、数列的极限

定义 2－1　按正整数 1，2，3，…编号依次排列的一列数

$$x_1,\ x_2,\ x_3,\ \cdots,\ x_n,\ \cdots$$

称为一个无穷数列，简称数列。其中的每一个数称为数列的一个项，x_n 称为数列的通项或一般项。通项为 x_n 的数列可以简记为数列$\{x_n\}$。

数列$\{x_n\}$可以看成自变量为正整数 n 的函数：

$$x_n = f(n)$$

在几何上，数列$\{x_n\}$可以看作数轴上的一个动点，它依次取数轴上的点 x_1，x_2，x_3，…，x_n，…(见图 2－1)。

图 2－1

例 2－1　数列举例：

(1) $\frac{1}{4}$，$\frac{1}{8}$，$\frac{1}{16}$，$\frac{1}{32}$，…，$\frac{1}{2^{n+1}}$，…$\left(\text{一般项是 } x_n=\frac{1}{2^{n+1}}\right)$；

(2) 0，$\frac{1}{3}$，$\frac{2}{4}$，$\frac{3}{5}$，$\frac{4}{6}$，…，$\frac{n-1}{n+1}$，…$\left(\text{一般项是 } x_n=\frac{n-1}{n+1}\right)$；

(3) -1，1，-1，1，…，$(-1)^n$，…（一般项是 $x_n=(-1)^n$）。

对于数列，当 n 无限增大时，它能否无限趋近于一个常数？如果能，这个常数是什么？

定义 2-2 设有数列$\{x_n\}$，如果存在常数 a，当 n 无限增大时，x_n 无限趋近于 a，则称数列$\{x_n\}$以 a 为极限，或称数列$\{x_n\}$收敛于 a，记作

$$\lim_{n\to\infty}x_n=a \quad \text{或} \quad x_n\to a \ (n\to\infty)$$

如果这样的常数 a 不存在，则称数列$\{x_n\}$发散。

例 2-2 观察下列数列$\{x_n\}$的极限：

(1) $x_n=\frac{1}{2^{n+1}}$；(2) $x_n=\frac{n-1}{n+1}$；(3) $x_n=(-1)^n$；

(4) $x_n=\sqrt{n}$；(5) $x_n=\frac{(-1)^n}{n}$。

解 (1) 由例 2-1(1)中列举数列各项观察可知$\lim\limits_{n\to\infty}\frac{1}{2^{n+1}}=0$。

(2) 由例 2-1(2)中列举数列各项观察可知$\lim\limits_{n\to\infty}\frac{n-1}{n+1}=1$。

(3) 由例 2-1(3)中列举数列各项观察可知，当 $n\to\infty$时，数列$\{(-1)^n\}$的极限不存在，即数列发散。

(4) 各项依次为 1，$\sqrt{2}$，$\sqrt{3}$，2，…，$\sqrt{n}$，…，所以当 $n\to\infty$时，数列$\{\sqrt{n}\}$发散，且$\sqrt{n}$无限增大。

(5) 各项依次为-1，$\frac{1}{2}$，$-\frac{1}{3}$，$\frac{1}{4}$，…，$\frac{(-1)^n}{n}$，…，于是可知$\lim\limits_{n\to\infty}\frac{(-1)^n}{n}=0$。

为了方便起见，有时也将当 $n\to\infty$ 时 $|x_n|$无限增大的情况说成是数列$\{x_n\}$趋近于∞，或称其极限为∞，记作

$$\lim_{n\to\infty}x_n=\infty \quad \text{或} \quad x_n\to\infty \ (n\to\infty)$$

但这不表示数列是收敛的。

如果当 n 足够大时，$x_n>0$（或 $x_n<0$），且当 $n\to\infty$时$|x_n|$无限增大，则称数列$\{x_n\}$趋近于$+\infty$（或$-\infty$），记作

$$\lim_{n\to\infty}x_n=+\infty \quad \left(\text{或}\lim_{n\to\infty}x_n=-\infty\right)$$

例如，前面的数列$\{\sqrt{n}\}$，可以记作$\lim\limits_{n\to\infty}\sqrt{n}=+\infty$。

收敛数列具有以下基本性质。

性质 1（极限的唯一性） 收敛数列的极限是唯一的。

性质 2(收敛数列的有界性)　收敛数列一定有界。

推论　无界数列一定是发散的。

注意：数列有界是数列收敛的必要而非充分条件，如数列$\{(-1)^n\}$有界，但却是发散的。

二、函数的极限

数列是定义在正整数集合上的函数，它的极限只是一种特殊的整标函数的极限。现在我们讨论定义在实数集合上的一般的函数的极限。

1. 当 $x\to\infty$ 时函数的极限

首先讨论自变量 x 的绝对值$|x|$无限增大或者说趋于无穷大(记作 $x\to\infty$)时，对应函数值 $f(x)$的总的变化趋势。

考虑函数 $y=\dfrac{1}{x}$，当$|x|$无限增大时，它所对应的函数值 y 就无限地趋近于 0，我们称当 x 趋于无穷大时，函数 $y=\dfrac{1}{x}$以 0 为极限。

定义 2-3　设函数 $f(x)$在$|x|>M$(M 为某一正数)时有定义，如果存在常数 A，当$|x|$无限增大时，对应的函数值 $f(x)$无限地接近于 A，则称 A 为函数 $f(x)$当 $x\to\infty$ 时的极限，记作

$$\lim_{x\to\infty}f(x)=A \quad 或 \quad f(x)\to A \quad (x\to\infty)$$

如果这样的常数 A 不存在，则称当 $x\to\infty$时 $f(x)$没有极限(或$\lim\limits_{x\to\infty}f(x)$不存在)。

如果定义 2-3 中，限制 x 只取正值或者只取负值，则分别记为

$$\lim_{x\to+\infty}f(x)=A \quad 或 \quad \lim_{x\to-\infty}f(x)=A$$

由定义 2-3 易得

$$\lim_{x\to\infty}f(x)=A \Leftrightarrow \lim_{x\to-\infty}f(x)=A=\lim_{x\to+\infty}f(x)$$

对于一些简单函数，通过观察函数值或图像就可以得到函数当 $x\to\infty$时的极限，如：

$$\lim_{x\to\infty}\frac{1}{x}=0, \quad \lim_{x\to-\infty}e^x=0, \quad \lim_{x\to+\infty}\left(\frac{1}{2}\right)^x=0$$

定理 2-1　如果$\lim\limits_{x\to\infty}f(x)=A$($\lim\limits_{x\to+\infty}f(x)=A$ 或 $\lim\limits_{x\to-\infty}f(x)=A$)，则直线 $y=A$ 就是函数 $y=f(x)$的图像的水平渐近线。

2. 当 $x\to x_0$ 时函数的极限

再来讨论自变量 x 无限接近于有限值 x_0 或者说趋于有限值 x_0(记作 $x\to x_0$)

时，对应函数值 $f(x)$的总的变化趋势。

定义 2-4 设函数 $f(x)$在点 x_0 的附近有定义，如果存在常数 A，使得当 x 无限趋近于 x_0 时，对应的函数值 $f(x)$无限地接近于 A，则称 A 为函数 $f(x)$当 $x\to x_0$ 时的极限，记作

$$\lim_{x\to x_0}f(x)=A \quad \text{或} \quad f(x)\to A \ (x\to x_0)$$

如果这样的常数 A 不存在，则称当 $x\to x_0$ 时 $f(x)$没有极限（或 $\lim\limits_{x\to x_0}f(x)$不存在）。

注意： 定义 2-4 中并不要求 $f(x)$在点 x_0 有定义，因为当 $x\to x_0$ 时 $x\neq x_0$。

例 2-3 对于一些简单的函数，可以根据观察判断出它的极限：

(1) $\lim\limits_{x\to x_0}C=C$（$C$ 为常数）；

(2) $\lim\limits_{x\to x_0}x=x_0$；

(3) $\lim\limits_{x\to 4}(3x+2)=14$；

(4) $\lim\limits_{x\to 1}\dfrac{x^2-1}{x-1}=\lim\limits_{x\to 1}\dfrac{(x-1)(x+1)}{x-1}=\lim\limits_{x\to 1}(x+1)=2$（当 $x\to 1$ 时 $x\neq 1$）。

前面给出的当 $x\to x_0$ 时函数 $f(x)$的极限，自变量 x 是从左右两侧趋近于 x_0 的，但有时我们只能或只需考虑 x 是仅从左侧趋近于 x_0（即 $x<x_0$）的情形，或是仅从右侧趋近于 x_0（即 $x>x_0$）的情形，为此，通常将

$$x<x_0 \text{ 时，} x\to x_0 \text{ 的情况记作 } x\to x_0^-$$

$$x>x_0 \text{ 时，} x\to x_0 \text{ 的情况记作 } x\to x_0^+$$

定义 2-5 设函数 $f(x)$在点 x_0 的左侧附近有定义，如果存在常数 A，使得当 x 从左侧无限趋近于 x_0 时，对应的函数值 $f(x)$无限地接近于 A，则称 A 为函数 $f(x)$当 x 趋于 x_0 时的左极限，记作

$$\lim_{x\to x_0^-}f(x)=A$$

类似地，可定义右极限为

$$\lim_{x\to x_0^+}f(x)=A$$

左极限与右极限统称为单侧极限。

定理 2-2 当 $x\to x_0$ 时函数 $f(x)$以 A 为极限的充分必要条件是 $f(x)$在点 x_0 处的左、右极限存在且都等于 A，即

$$\lim_{x\to x_0}f(x)=A \Leftrightarrow \lim_{x\to x_0^-}f(x)=A=\lim_{x\to x_0^+}f(x)$$

例 2-4 设 $f(x)=\begin{cases}1-x, & x<0 \\ x^2+1, & x\geq 0\end{cases}$，求 $\lim\limits_{x\to 0}f(x)$。

解 左极限为

$$\lim_{x\to 0^-}f(x)=\lim_{x\to 0^-}(1-x)=1$$

右极限为

$$\lim_{x\to 0^+}f(x)=\lim_{x\to 0^+}(x^2+1)=1$$

所以 $\lim\limits_{x\to 0}f(x)=1$(见图 2-2)。

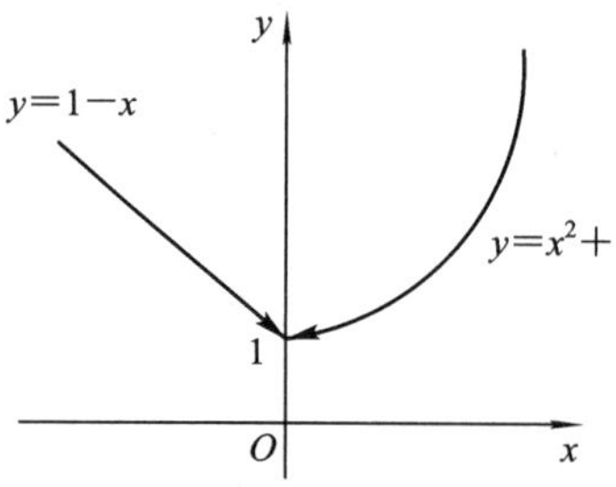

图 2-2

例 2-5 设 $f(x)=\begin{cases}3-2x, & x\leq 0 \\ \dfrac{3}{x+1}, & 0<x\leq 1 \\ x^2+1, & x>1\end{cases}$，讨论当 $x\to 0$ 及 $x\to 1$ 时 $f(x)$ 的极限。

解 由于

$$\lim_{x\to 0^-}f(x)=\lim_{x\to 0^-}(3-2x)=3$$

$$\lim_{x\to 0^+}f(x)=\lim_{x\to 0^+}\frac{3}{x+1}=3$$

因此

$$\lim_{x\to 0}f(x)=3$$

由于

$$\lim_{x\to 1^-}f(x)=\lim_{x\to 1^-}\frac{3}{x+1}=\frac{3}{2}$$

$$\lim_{x\to 1^+}f(x)=\lim_{x\to 1^+}(x^2+1)=2$$

因此当 $x\to 1$ 时 $f(x)$ 的极限不存在，或称 $\lim\limits_{x\to 1}f(x)$ 不存在。

性质(函数极限的唯一性) 在自变量 x 的某个变化过程中，若函数 $f(x)$ 的极限存在，则极限唯一。

第二节　无穷小与无穷大

一、无穷小

定义 2-6　在自变量 x 的某个变化过程中，若函数 $f(x)$的极限为零，则称 $f(x)$在该变化过程中为无穷小量，简称无穷小。

例 2-6　无穷小举例：

(1) 因为$\lim\limits_{x\to\infty}\dfrac{1}{x}=0$，所以函数$\dfrac{1}{x}$是当 $x\to\infty$时的无穷小；

(2) 因为$\lim\limits_{x\to 2}(x-2)=0$，所以函数$(x-2)$是当 $x\to 2$ 时的无穷小；

(3) 因为$\lim\limits_{x\to 0}\sin x=0$，所以函数 $\sin x$ 是当 $x\to 0$ 时的无穷小。

注意：不要把无穷小与绝对值很小的数混为一谈。无穷小是一个以 0 为极限的函数，能作为无穷小的常数只有 0，其他任何常数，无论其绝对值多么小，都不是无穷小。

由无穷小的定义，不难理解无穷小的下列性质。

性质 1　有限个无穷小的代数和仍是无穷小。

性质 2　有界函数与无穷小的乘积是无穷小。

推论　常数与无穷小的乘积是无穷小。

性质 3　有限个无穷小的乘积是无穷小。

注意：无穷多个无穷小的代数和不一定是无穷小；两个无穷小的商不一定是无穷小。

例 2-7　求极限 $\lim\limits_{x\to 0}x\sin\dfrac{1}{x}$。

解　由于$\left|\sin\dfrac{1}{x}\right|\leqslant 1$，$\lim\limits_{x\to 0}x=0$，因此$\lim\limits_{x\to 0}x\sin\dfrac{1}{x}=0$。

二、无穷小的比较

两个无穷小的和、差、积仍是无穷小，但无穷小的商就不易确定了。

例如，当 $x\to 0$ 时，x，$3x$，x^2，x^3，$x+2x^2$ 都是无穷小，而此时

$$\frac{x^2}{x}=x\to 0,\quad \frac{x^2}{x^3}=\frac{1}{x}\to\infty,\quad \frac{3x}{x}=3\to 3,\quad \frac{x+2x^2}{x}=1+2x\to 1$$

可见两个无穷小的商，可能是无穷小，可能是无穷大，也可能是常数或极限为常数的变量，这是因为无穷小在趋于零的过程中快慢不同。

为了比较无穷小，我们引入无穷小的阶的概念。

定义 2－7 设 $f(x)$ 及 $g(x)$ 是自变量 x 同一变化过程中的无穷小，且 $g(x)\neq 0$。

(1) 如果 $\lim\frac{f(x)}{g(x)}=0$，则称 $f(x)$ 是比 $g(x)$ 高阶的无穷小，记作 $f(x)=o(g(x))$；

(2) 如果 $\lim\frac{f(x)}{g(x)}=\infty$，则称 $f(x)$ 是比 $g(x)$ 低阶的无穷小；

(3) 如果 $\lim\frac{f(x)}{g(x)}=c\neq 0$，则称 $f(x)$ 与 $g(x)$ 是同阶无穷小；

(4) 如果 $\lim\frac{f(x)}{g(x)}=1$，则称 $f(x)$ 与 $g(x)$ 是等价无穷小，记作 $f(x)\sim g(x)$。

显然，等价无穷小是同阶无穷小的特殊情况。

由定义 2－7 容易知道，当 $x\to 0$ 时，x^2 是 x 的高阶无穷小，即 $x^2=o(x)$，而 x^2 是 x^3 的低阶无穷小，x 与 $3x$ 是同阶无穷小。

关于等价无穷小，有下面的定理：

定理 2－3 在自变量的同一变化过程中，如果 $f_1(x)\sim f_2(x)$，$g_1(x)\sim g_2(x)$，且 $\lim\frac{f_2(x)}{g_2(x)}$ 存在，则

$$\lim\frac{f_1(x)}{g_1(x)}=\lim\frac{f_2(x)}{g_2(x)}$$

定理 2－3 表明，求两个无穷小之比的极限时，分子及分母都可以用等价无穷小来代换。

事实上，在求分式的极限时，分子及分母中的无穷小因子都可以用它的等价无穷小来代换。如果用来代换的无穷小选取适当，就可以使计算简化。需要注意的是，当分子或分母是若干项的和或差时，一般不能对其中某一项作等价无穷小的代换。在后面的极限计算中我们会遇到利用等价无穷小代换来求极限的例子。

三、无穷大

定义 2－8 在自变量 x 的某个变化过程中，若函数 $f(x)$ 的绝对值无限增大，则称 $f(x)$ 在该变化过程中为无穷大量，简称无穷大，可以记作 $\lim f(x)=\infty$。

例如，当 $x\to 0$ 时，$\frac{1}{x}$，$\cot x$ 等都是无穷大；当 $x\to 0^+$ 时，$\frac{1}{\sqrt{x}}$，$\ln x$ 等都是无穷大；当 $x\to +\infty$ 时，x^3，e^x，$\ln x$ 等都是无穷大。

注意：

(1) $\lim f(x)=\infty$ 并不表示 $f(x)$ 有极限，无穷大“∞”不是数，只是一个

符号；

(2) 无穷大是无界函数，但是无界函数不一定是无穷大；

(3) 无穷大是一个绝对值无限增大的变量，任何绝对值很大的常数都不是无穷大。

定理 2-4 如果 $\lim\limits_{x\to x_0} f(x)=\infty$ ($\lim\limits_{x\to x_0^-} f(x)=\infty$ 或 $\lim\limits_{x\to x_0^+} f(x)=\infty$)，则直线 $x=x_0$ 是函数 $y=f(x)$ 的图像的铅直渐近线。

例 2-8 因为 $\lim\limits_{x\to 1}\dfrac{1}{x-1}=\infty$，所以直线 $x=1$ 是曲线 $y=\dfrac{1}{x-1}$ 的铅直渐近线。

无穷大与无穷小有如下关系：

定理 2-5 在自变量的同一变化过程中，如果 $f(x)$ 为无穷大，则 $\dfrac{1}{f(x)}$ 为无穷小；反之，如果 $f(x)$ 为无穷小且 $f(x)\neq 0$，则 $\dfrac{1}{f(x)}$ 为无穷大。

例 2-9 当 $x\to 0$ 时，x^3 是无穷小，而 $\dfrac{1}{x^3}$ 是无穷大。

例 2-10 当 $x\to\infty$ 时，$x+1$ 是无穷大，而 $\dfrac{1}{x+1}$ 是无穷小。

第三节　极限的运算法则

一、极限的四则运算

在下面的讨论中，极限过程的自变量的趋向没有标出，表示对任何一个自变量的变化过程都成立，只要在同一问题中自变量的趋向相同即可。并且这些运算法则对数列的极限也是同样适用的。

定理 2-6 如果 $\lim f(x)=A$，$\lim g(x)=B$，则

(1) $\lim[f(x)\pm g(x)]=\lim f(x)\pm\lim g(x)=A\pm B$；

(2) $\lim[f(x)\cdot g(x)]=\lim f(x)\cdot\lim g(x)=A\cdot B$；

(3) 当 $B\neq 0$ 时，$\lim\dfrac{f(x)}{g(x)}=\dfrac{\lim f(x)}{\lim g(x)}=\dfrac{A}{B}$。

注意：定理 2-6 中的(1)、(2)都可以推广到有限个函数的情形，但不可应用到无穷多个函数的情形。

由定理 2-6 中的(2)可得出下面的推论。

推论 如果 $\lim f(x)$ 存在，c 为常数，n 为正整数，则

(1) $\lim[c \cdot f(x)]=c \cdot \lim f(x)$；

(2) $\lim [f(x)]^n=[\lim f(x)]^n$。

1. 当 $x \to x_0$ 时有理分式函数的极限

例 2-11 求$\lim\limits_{x\to 3}(x^2+2x-4)$。

解
$$\lim_{x\to 3}(x^2+2x-4)=\lim_{x\to 3}x^2+\lim_{x\to 3}2x-\lim_{x\to 3}4$$
$$=(\lim_{x\to 3}x)^2+2\lim_{x\to 3}x-4=3^2+2\times 3-4=11$$

由例 2-11 可以看出，求多项式函数 $P(x)=a_0x^n+a_1x^{n-1}+\cdots+a_{n-1}x+a_n$ 当 $x\to x_0$ 时的极限时，只要用 x_0 代替函数中的 x 即可(代入法)，即

$$\lim_{x\to x_0}P(x) = P(x_0)$$

例 2-12 求$\lim\limits_{x\to -2}(2x^2-3x+5)$。

解 $\lim\limits_{x\to -2}(2x^2-3x+5)=2\times(-2)^2-3\times(-2)+5=8+6+5=19$

例 2-13 求$\lim\limits_{x\to 2}\dfrac{x^3-4}{x^2-x+3}$。

解 这里分母的极限不为零，于是

$$\lim_{x\to 2}\frac{x^3-4}{x^2-x+3}=\frac{\lim\limits_{x\to 2}(x^3-4)}{\lim\limits_{x\to 2}(x^2-x+3)}=\frac{2^3-4}{2^2-2+3}=\frac{4}{5}$$

可见，如果 $Q(x_0)\neq 0$，求有理分式函数$\dfrac{P(x)}{Q(x)}$(其中 $P(x)$和 $Q(x)$都是多项式函数)当 $x\to x_0$ 时的极限时，只要用 x_0 代替函数中的 x 即可(代入法)，即

$$\lim_{x\to x_0}\frac{P(x)}{Q(x)}=\frac{\lim\limits_{x\to x_0}P(x)}{\lim\limits_{x\to x_0}Q(x)}=\frac{P(x_0)}{Q(x_0)}$$

显然，如果 $Q(x_0)=0$，则不能使用上述方法。

例 2-14 求$\lim\limits_{x\to 1}\dfrac{3x^2+2x-3}{2x^2-3x+5}$。

解 这里分母的极限不为零，于是

$$\lim_{x\to 1}\frac{3x^2+2x-3}{2x^2-3x+5}=\frac{3\times 1^2+2\times 1-3}{2\times 1^2-3\times 1+5}=\frac{1}{2}$$

例 2-15 求$\lim\limits_{x\to 3}\dfrac{x^2-x-6}{x^2-9}$。

解 当 $x\to 3$ 时，分子、分母的极限都为零，不能分别取极限再求商。注意到分子、分母都具有公因子 $x-3$，而当 $x\to 3$ 时 $x\neq 3$，故可以消去公因子后再求极限，即

$$\lim_{x\to 3}\frac{x^2-x-6}{x^2-9}=\lim_{x\to 3}\frac{(x-3)(x+2)}{(x-3)(x+3)}=\lim_{x\to 3}\frac{x+2}{x+3}=\frac{3+2}{3+3}=\frac{5}{6}$$

对于这种 $Q(x_0)=0$ 且 $P(x_0)=0$ 的有理分式函数$\frac{P(x)}{Q(x)}$，在求当 $x\to x_0$ 时的极限时，分子、分母一定都具有公因子$(x-x_0)$，由于当 $x\to x_0$ 时 $x\neq x_0$，因此分子、分母可以消去不为零的公因子$(x-x_0)$后再求极限。

例 2-16 求$\lim\limits_{x\to -1}\frac{x^2+3x+2}{x^2-2x-3}$。

解 $\lim\limits_{x\to -1}\frac{x^2+3x+2}{x^2-2x-3}=\lim\limits_{x\to -1}\frac{(x+1)(x+2)}{(x+1)(x-3)}=\lim\limits_{x\to -1}\frac{x+2}{x-3}=\frac{-1+2}{-1-3}=-\frac{1}{4}$

例 2-17 求$\lim\limits_{x\to 2}\frac{3x-1}{x^2+3x-10}$。

解 当 $x\to 2$ 时，分母的极限为零，分子的极限为 5，故不能用商的极限运算法则。但

$$\lim_{x\to 2}\frac{x^2+3x-10}{3x-1}=\frac{0}{5}=0$$

于是由无穷小与无穷大的关系可得

$$\lim_{x\to 2}\frac{3x-1}{x^2+3x-10}=\infty$$

对于这种 $Q(x_0)=0$ 且 $P(x_0)\neq 0$ 的有理分式函数$\frac{P(x)}{Q(x)}$，在求当 $x\to x_0$ 时的极限时，可以先求其倒数的极限，再利用无穷小与无穷大的关系得到结果。

例 2-18 求$\lim\limits_{x\to 4}\frac{x^2+x+1}{x^2-16}$。

解 由于$\lim\limits_{x\to 4}\frac{x^2-16}{x^2+x+1}=0$，因此$\lim\limits_{x\to 4}\frac{x^2+x+1}{x^2-16}=\infty$。

2. 当 $x\to\infty$ 时有理分式函数的极限

例 2-19 求$\lim\limits_{x\to\infty}\frac{2x^3+3x^2-4}{6x^3-2x^2-x+7}$。

解 由于分子、分母的极限都是∞，因此不能用商的极限运算法则。作适当变形，即分子、分母同时除以它们的最高次幂 x^3，然后取极限，得

$$\lim_{x\to\infty}\frac{2x^3+3x^2-4}{6x^3-2x^2-x+7}=\lim_{x\to\infty}\frac{2+\frac{3}{x}-\frac{4}{x^3}}{6-\frac{2}{x}-\frac{1}{x^2}+\frac{7}{x^3}}=\frac{1}{3}$$

例 2-20 求$\lim\limits_{x\to\infty}\frac{5x^2+2x-1}{4x^3-x-6}$。

解 分子、分母同时除以 x^3，然后取极限，得

$$\lim_{x\to\infty}\frac{5x^2+2x-1}{4x^3-x-6}=\lim_{x\to\infty}\frac{\dfrac{5}{x}+\dfrac{2}{x^2}-\dfrac{1}{x^3}}{4-\dfrac{1}{x^2}-\dfrac{6}{x^3}}=\frac{0}{4}=0$$

例 2－21 求 $\lim\limits_{x\to\infty}\dfrac{4x^3-x-6}{5x^2+2x-1}$。

解 由例 2－20 以及无穷小与无穷大的关系可得

$$\lim_{x\to\infty}\frac{4x^3-x-6}{5x^2+2x-1}=\infty$$

一般地，对于当 $x\to\infty$ 时有理分式函数的极限，当 $a_0\neq0$，$b_0\neq0$，m、n 为非负整数时有以下结论：

$$\lim_{x\to\infty}\frac{a_0x^m+a_1x^{m-1}+\cdots+a_m}{b_0x^n+b_1x^{n-1}+\cdots+b_n}=\begin{cases}0, & n>m\\ \dfrac{a_0}{b_0}, & n=m\\ \infty, & n<m\end{cases}$$

二、复合函数求极限

对于多项式函数和有理分式函数 $f(x)$，只要 $f(x)$ 在点 x_0 处有定义，则当 $x\to x_0$ 时 $f(x)$ 的极限值就是 $f(x)$ 在点 x_0 处的函数值。

这里我们不加证明地指出，一切基本初等函数在其定义域内的每一点处都具有这样的性质，即如果 $f(x)$ 是基本初等函数，定义域为 D，而 $x_0\in D$，则

$$\lim_{x\to x_0}f(x)=f(x_0)$$

例如，$f(x)=\ln x$ 是基本初等函数，而点 $x=5$ 在它的定义域内，所以

$$\lim_{x\to5}\ln x=\ln5$$

下面给出一个复合函数求极限的定理。

定理 2－7 设函数 $u=\varphi(x)$ 当 $x\to x_0$ 时的极限等于 a，即 $\lim\limits_{x\to x_0}\varphi(x)=a$，而函数 $y=f(u)$ 在点 $u=a$ 处有定义且 $\lim\limits_{u\to a}f(u)=f(a)$，则复合函数 $y=f[\varphi(x)]$ 当 $x\to x_0$ 时的极限存在且等于 $f(a)$，即

$$\lim_{x\to x_0}f[\varphi(x)]=f(a)=f[\lim_{x\to x_0}\varphi(x)]$$

定理 2－7 表明，在满足定理条件的情况下，函数符号可以和极限符号交换次序。

例 2－22 求 $\lim\limits_{x\to2}\sqrt{\dfrac{x^2-4}{x-2}}$。

解 $\lim\limits_{x\to 2}\sqrt{\dfrac{x^2-4}{x-2}}=\sqrt{\lim\limits_{x\to 2}\dfrac{x^2-4}{x-2}}=\sqrt{\lim\limits_{x\to 2}(x+2)}=\sqrt{4}=2$

例 2-23 求 $\lim\limits_{x\to\infty}\sin\dfrac{3x+4}{x^2-2x-7}$。

解 $\lim\limits_{x\to\infty}\sin\dfrac{3x+4}{x^2-2x-7}=\sin\left(\lim\limits_{x\to\infty}\dfrac{3x+4}{x^2-2x-7}\right)=\sin 0=0$

例 2-24 求$\lim\limits_{x\to 1}\left(\dfrac{2}{1-x^2}-\dfrac{1}{1-x}\right)$。

解 此题相减的两项都是趋于无穷大的，因此需要通分后再计算。

$$\lim_{x\to 1}\left(\frac{2}{1-x^2}-\frac{1}{1-x}\right)=\lim_{x\to 1}\frac{2-(1+x)}{(1+x)(1-x)}$$

$$=\lim_{x\to 1}\frac{1-x}{(1+x)(1-x)}=\lim_{x\to 1}\frac{1}{1+x}=\frac{1}{2}$$

第四节　两个重要极限

一、第一个重要极限$\lim\limits_{x\to 0}\dfrac{\sin x}{x}=1$

考察函数$\dfrac{\sin x}{x}$在 $x=0$ 附近的一些函数值，如表 2-1 所示，由此可以得到第一个重要极限：

$$\lim_{x\to 0}\frac{\sin x}{x}=1$$

表 2-1

x	-1	-0.5	-0.1	-0.01	…	0.01	0.1	0.5	1
$\dfrac{\sin x}{x}$	$-0.841\ 47$	$-0.958\ 85$	$-0.998\ 33$	$-0.999\ 98$	…	0.999 98	0.998 33	0.958 85	0.841 47

对于第一个重要极限，其一般形式为

$$\lim_{\square\to 0}\frac{\sin\square}{\square}=1\ \text{（方框 □ 代表同一变量）}$$

例 2-25 求$\lim\limits_{x\to 0}\dfrac{\tan x}{x}$。

解 $\lim\limits_{x\to 0}\dfrac{\tan x}{x}=\lim\limits_{x\to 0}\left(\dfrac{\sin x}{x}\cdot\dfrac{1}{\cos x}\right)=\lim\limits_{x\to 0}\dfrac{\sin x}{x}\cdot\lim\limits_{x\to 0}\dfrac{1}{\cos x}=1$

例 2-26 求$\lim\limits_{x\to 0}\dfrac{\sin ax}{x}$（$a\neq 0$）。

解 $\lim\limits_{x\to0}\dfrac{\sin ax}{x}=\lim\limits_{x\to0}\dfrac{a\sin ax}{ax}=a\lim\limits_{x\to0}\dfrac{\sin ax}{ax}=a\cdot1=a$

例 2-27 求$\lim\limits_{x\to2}\dfrac{\sin(x-2)}{x^2-4}$。

解
$$\lim_{x\to2}\frac{\sin(x-2)}{x^2-4}=\lim_{x\to2}\frac{\sin(x-2)}{(x-2)(x+2)}$$
$$=\lim_{x\to2}\frac{\sin(x-2)}{x-2}\cdot\lim_{x\to2}\frac{1}{x+2}$$
$$=1\cdot\frac{1}{4}=\frac{1}{4}$$

例 2-28 求$\lim\limits_{x\to0}\dfrac{1-\cos x}{x^2}$。

解
$$\lim_{x\to0}\frac{1-\cos x}{x^2}=\lim_{x\to0}\frac{2\sin^2\frac{x}{2}}{x^2}=\frac{1}{2}\lim_{x\to0}\frac{\sin^2\frac{x}{2}}{\left(\frac{x}{2}\right)^2}=\frac{1}{2}\lim_{x\to0}\left(\frac{\sin\frac{x}{2}}{\frac{x}{2}}\right)^2$$
$$=\frac{1}{2}\cdot1^2=\frac{1}{2}$$

由第一个重要极限以及上面几个例子可以得到一些常用的等价无穷小：

$$\sin x\sim x\ (x\to0),\quad \tan x\sim x\ (x\to0),\quad 1-\cos x\sim\frac{x^2}{2}\ (x\to0)$$

例 2-29 求$\lim\limits_{x\to0}\dfrac{\sin4x}{\tan6x}$。

解 由于当 $x\to0$ 时，$\sin4x\sim4x$，$\tan6x\sim6x$，因此

$$\lim_{x\to0}\frac{\sin4x}{\tan6x}=\lim_{x\to0}\frac{4x}{6x}=\frac{2}{3}$$

例 2-30 求$\lim\limits_{x\to0}\dfrac{\sin3x}{(x^2+2)\tan x}$。

解 由于当 $x\to0$ 时，$\sin3x\sim3x$，$\tan x\sim x$，因此

$$\lim_{x\to0}\frac{\sin3x}{(x^2+2)\tan x}=\lim_{x\to0}\frac{3x}{(x^2+2)x}=\lim_{x\to0}\frac{3}{x^2+2}=\frac{3}{2}$$

二、第二个重要极限$\lim\limits_{x\to\infty}\left(1+\dfrac{1}{x}\right)^x=\mathrm{e}$

表 2-2 列出了函数$\left(1+\dfrac{1}{x}\right)^x$当 x 取正值或负值且绝对值无限增大时的一些函数值，由此可以得到第二个重要极限：

$$\lim_{x\to\infty}\left(1+\frac{1}{x}\right)^x=\mathrm{e}$$

表 2-2

x	2	3	10	100	1000	10 000	100 000	…
$\left(1+\frac{1}{x}\right)^x$	2.25	2.370 37	2.593 74	2.704 81	2.716 92	2.718 14	2.718 27	…
x	−2	−3	−10	−100	−1000	−10 000	−100 000	…
$\left(1+\frac{1}{x}\right)^x$	4	3.375	2.867 97	2.732	2.719 64	2.718 42	2.718 3	…

无理数 e 的值为 2.718 281 828 459 045 235 36…。

利用变量代换，令 $z=\frac{1}{x}$，则当 $x\to\infty$时，$z\to 0$，于是可得

$$\lim_{z\to 0}(1+z)^{\frac{1}{z}}=\mathrm{e}$$

对于第二个重要极限，其一般形式为

$$\lim_{\triangle\to 0}(1+\triangle)^{\frac{1}{\triangle}}=\mathrm{e}\ （三角\ \triangle\ 代表同一变量）$$

例 2-31 求$\lim\limits_{x\to\infty}\left(1-\frac{1}{x}\right)^x$。

解
$$\lim_{x\to\infty}\left(1-\frac{1}{x}\right)^x=\lim_{x\to\infty}\left(1+\frac{1}{-x}\right)^{-x\cdot(-1)}=\lim_{x\to\infty}\left[\left(1+\frac{1}{-x}\right)^{-x}\right]^{-1}$$
$$=\left[\lim_{x\to\infty}\left(1+\frac{1}{-x}\right)^{-x}\right]^{-1}$$
$$=\mathrm{e}^{-1}$$

例 2-32 求$\lim\limits_{x\to\infty}\left(1+\frac{4}{x}\right)^{2x}$。

解
$$\lim_{x\to\infty}\left(1+\frac{4}{x}\right)^{2x}=\lim_{x\to\infty}\left(1+\frac{4}{x}\right)^{\frac{x}{4}\cdot 8}=\lim_{x\to\infty}\left[\left(1+\frac{4}{x}\right)^{\frac{x}{4}}\right]^8$$
$$=\left[\lim_{x\to\infty}\left(1+\frac{4}{x}\right)^{\frac{x}{4}}\right]^8$$
$$=\mathrm{e}^8$$

例 2-33 求 $\lim\limits_{x\to 0}(1-3x)^{\frac{1}{4x}}$。

解
$$\lim_{x\to 0}(1-3x)^{\frac{1}{4x}}=\lim_{x\to 0}(1-3x)^{\frac{1}{-3x}\cdot\frac{-3}{4}}=\lim_{x\to 0}\left[(1-3x)^{\frac{1}{-3x}}\right]^{-\frac{3}{4}}$$
$$=\left[\lim_{x\to 0}(1-3x)^{\frac{1}{-3x}}\right]^{-\frac{3}{4}}$$
$$=\mathrm{e}^{-\frac{3}{4}}$$

例 2-34 求$\lim\limits_{x\to\infty}\left(\frac{x-1}{x+1}\right)^x$。

解 $\lim\limits_{x\to\infty}\left(\frac{x-1}{x+1}\right)^x=\lim\limits_{x\to\infty}\left(\frac{1-\frac{1}{x}}{1+\frac{1}{x}}\right)^x$

$$=\lim_{x\to\infty}\frac{\left(1-\frac{1}{x}\right)^x}{\left(1+\frac{1}{x}\right)^x}=\frac{\lim\limits_{x\to\infty}\left(1-\frac{1}{x}\right)^x}{\lim\limits_{x\to\infty}\left(1+\frac{1}{x}\right)^x}$$

$$=\frac{\mathrm{e}^{-1}}{\mathrm{e}}=\mathrm{e}^{-2}$$

例 2-35 求 $\lim\limits_{x\to 0}\frac{\ln(1+x)}{x}$。

解 $\lim\limits_{x\to 0}\frac{\ln(1+x)}{x}=\lim\limits_{x\to 0}\frac{1}{x}\ln(1+x)=\lim\limits_{x\to 0}\ln(1+x)^{\frac{1}{x}}$

$$=\ln[\lim_{x\to 0}(1+x)^{\frac{1}{x}}]$$

$$=\ln \mathrm{e}=1$$

例 2-36 求 $\lim\limits_{x\to 0}\frac{\mathrm{e}^x-1}{x}$。

解 令 $u=\mathrm{e}^x-1$，即 $x=\ln(1+u)$，则当 $x\to 0$ 时，$u\to 0$，于是

$$\lim_{x\to 0}\frac{\mathrm{e}^x-1}{x}=\lim_{u\to 0}\frac{u}{\ln(1+u)}=1$$

由上面两例又得到了常用的等价无穷小：

$$\ln(1+x)\sim x\ (x\to 0)$$

$$\mathrm{e}^x-1\sim x\ (x\to 0)$$

例 2-37(银行连续复利) 银行存款年利率为 r，本金为 A，按年计算复利，则 t 年后本利和为 $A_t=A(1+r)^t$。

(1) 若每月计息一次，t 年后本利和为多少？

(2) 若采用连续复利(即每时每刻都在计息)，t 年后本利和为多少？

解 (1) 若每月计息一次，则月利率为 $\frac{r}{12}$，t 年共计息 $12t$ 次，故 t 年后本利和为

$$A_t=A\left(1+\frac{r}{12}\right)^{12t}$$

(2) 若每年计息 n 次，则每次利率为 $\frac{r}{n}$，t 年共计息 nt 次，故 t 年后本利和为

$$A_t=A\left(1+\frac{r}{n}\right)^{nt}$$

当 $n\to\infty$ 时，即得连续复利时 t 年后本利和：

$$A_t=\lim_{n\to\infty}\left[A\left(1+\frac{r}{n}\right)^{nt}\right]=A\lim_{n\to\infty}\left[\left(1+\frac{r}{n}\right)^{\frac{n}{r}}\right]^{rt}=Ae^{rt}$$

第五节　函数的连续性

一、函数连续性的概念

自然界中有许多现象都是连续变化的，如气温的变化、行星的运动、植物的生长等，都是连续变化的。这种现象反映在数学上就是函数的连续性。

先引入改变量的概念。设变量 u 从初值 u_1 改变到终值 u_2，终值与初值的差 u_2-u_1 就称为变量 u 的改变量（也称增量），记作

$$\Delta u=u_2-u_1$$

注意：Δu 是一个整体记号，是变量 u 的改变量，它可以是正的，也可以是负的。但自变量的改变量不能为零。

下面讨论函数的连续性。

定义 2-9　设函数 $y=f(x)$ 在点 x_0 的某一邻域内有定义，如果当自变量的增量 $\Delta x=x-x_0$ 趋于零时，对应函数的增量 $\Delta y=f(x_0+\Delta x)-f(x_0)$ 也趋于零，即

$$\lim_{\Delta x\to 0}\Delta y=0\quad\text{或}\quad\lim_{\Delta x\to 0}[f(x_0+\Delta x)-f(x_0)]=0$$

则称函数 $y=f(x)$ 在点 x_0 处连续。

如果记 $x=x_0+\Delta x$，则 $f(x_0+\Delta x)=f(x)$，而 $\Delta x\to 0$ 等价于 $x\to x_0$，$\Delta y\to 0$（即 $f(x)-f(x_0)\to 0$）等价于 $f(x)\to f(x_0)$，因此，函数 $y=f(x)$ 在点 x_0 处连续的定义也可叙述如下：

定义 2-10　设函数 $y=f(x)$ 在点 x_0 的某一邻域内有定义，如果函数 $f(x)$ 当 $x\to x_0$ 时的极限存在，且此极限值等于它在点 x_0 处的函数值，即

$$\lim_{x\to x_0}f(x)=f(x_0)$$

则称函数 $y=f(x)$ 在点 x_0 处连续。

由定义 2-10 可知，函数 $f(x)$ 在点 x_0 处连续则 $f(x)$ 在点 x_0 处必有极限，但 $f(x)$ 在点 x_0 处有极限时不一定在点 x_0 处连续，甚至 $f(x)$ 在点 x_0 处可能没有定义。

相应于函数左、右极限的概念，给出函数左、右连续的概念。

如果函数 $f(x)$ 在点 x_0 处及其左（右）侧附近有定义，且满足

$$\lim_{x \to x_0^-} f(x) = f(x_0) \quad (\lim_{x \to x_0^+} f(x) = f(x_0))$$

则称函数 $y=f(x)$ 在点 x_0 处左(右)连续。

显然可见，函数在一点处连续的充要条件为函数在该点既左连续又右连续。

在区间上每一点都连续的函数称为该区间上的连续函数，或者说函数在该区间上连续。如果区间包括端点，则函数在左端点连续是指其在左端点右连续，在右端点连续是指其在右端点左连续。

连续函数的图像是一条连续不断的曲线。

在前面我们曾指出，基本初等函数 $f(x)$ 在其定义域内的任何一点 x_0 处都满足

$$\lim_{x \to x_0} f(x) = f(x_0)$$

现在此结论可以表述为：基本初等函数在其定义域内的每点处都是连续的。也就是说，基本初等函数在其定义域内是连续的。

如果函数在一点不连续，那么该点称为间断点。

定义 2-11 如果函数 $f(x)$ 在点 x_0 处不连续，则称函数 $f(x)$ 在点 x_0 处间断。相应的点 x_0 称为函数 $f(x)$ 的间断点。

由函数在某点连续的概念可知，设函数 $f(x)$ 在点 x_0 的某邻域内(至多除了点 x_0 本身)有定义，如果 $f(x)$ 在点 x_0 处有下列情形之一，则点 x_0 是 $f(x)$ 的一个间断点。

(1) 在点 x_0 处 $f(x)$ 没有定义，即 $f(x_0)$ 不存在；

(2) $\lim\limits_{x \to x_0} f(x)$ 不存在；

(3) 在点 x_0 处 $f(x)$ 有定义，且 $\lim\limits_{x \to x_0} f(x)$ 存在，但是 $\lim\limits_{x \to x_0} f(x) \neq f(x_0)$。

通常把 $f(x)$ 在点 x_0 处的左、右极限都存在的间断点称为第一类间断点，除第一类间断点以外的间断点称为第二类间断点。

定理 2-8 一切初等函数在其定义区间内都是连续的。

例 2-38 求 $\lim\limits_{x \to \frac{\pi}{2}} \ln \sin x$。

解 $\lim\limits_{x \to \frac{\pi}{2}} \ln \sin x = \ln \sin \dfrac{\pi}{2} = \ln 1 = 0$

例 2-39 求 $\lim\limits_{x \to 0} \dfrac{e^x - \sin x}{e^x + \cos x}$。

解 $\lim\limits_{x \to 0} \dfrac{e^x - \sin x}{e^x + \cos x} = \dfrac{e^0 - \sin 0}{e^0 + \cos 0} = \dfrac{1-0}{1+1} = \dfrac{1}{2}$

二、闭区间上连续函数的性质

闭区间上的连续函数有一些重要性质，包括有界性定理、最大值和最小值定理、介值定理等。

定理 2-9(有界性定理)　若函数 $f(x)$在闭区间$[a, b]$上连续，则它在$[a, b]$上一定有界。

定理 2-10(最大值和最小值定理)　若函数 $f(x)$在闭区间$[a, b]$上连续，则它在$[a, b]$上一定有最大值和最小值。

定理 2-11(介值定理)　若函数 $f(x)$在闭区间$[a, b]$上连续，且 $f(a)\neq f(b)$，则对介于 $f(a)$与 $f(b)$之间的任意实数 C，在开区间(a, b)内至少存在一点 ξ，使得

$$f(\xi)=C \quad (a<\xi<b)$$

其几何意义是：在$[a, b]$上的连续曲线 $y=f(x)$与水平直线 $y=C$(C 介于 $f(a)$与 $f(b)$之间)至少有一个交点(见图 2-3)。

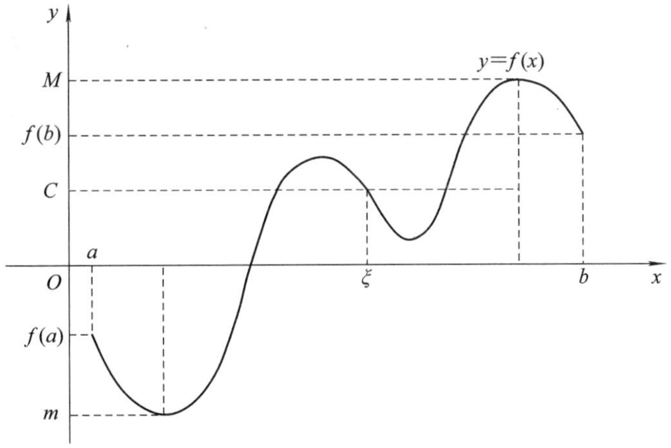

图 2-3

推论　在闭区间上连续的函数必取得介于最大值 M 与最小值 m 之间的任何值。

如果 x_0 使 $f(x_0)=0$，我们就称 x_0 是函数 $f(x)$的零点。下面的零点定理是介值定理的一种特殊情况。

定理 2-12(零点定理)　若函数 $f(x)$在闭区间$[a, b]$上连续，且 $f(a)$与 $f(b)$异号，则在开区间(a, b)内至少有函数 $f(x)$的一个零点。

定理 2-12 也可表述为：如果函数 $f(x)$在闭区间$[a, b]$上连续，且 $f(a)\cdot f(b)<0$，则至少存在一点 $\xi(a<\xi<b)$，使得

$$f(\xi)=0 \quad (a<\xi<b)$$

由于定理 2-12 经常用于判断方程 $f(x)=0$ 在某个区间内是否有根，因而也称之为根的存在性定理。

例 2-40 试证方程 $x^4-3x^2+1=0$ 在开区间(0, 1)内至少有一个根。

证 函数 $f(x)=x^4-3x^2+1$ 在闭区间[0, 1]上连续，又

$$f(0)=1>0,\quad f(1)=-1<0$$

由零点定理知，在开区间(0, 1)内至少有一点 ξ，使得 $f(\xi)=0$，即 $\xi^4-3\xi^2+1=0$，所以方程 $x^4-3x^2+1=0$ 在开区间(0, 1)内至少有一个根。

习　题　二

1. 观察下列数列 $\{x_n\}$ 的极限：

(1) $x_n=(-1)^n\dfrac{1}{2^n}$；　　(2) $x_n=n^2$；

(3) $x_n=\dfrac{n+1}{2n-1}$；　　(4) $x_n=(-1)^{n+1}$。

2. 设 $f(x)=\begin{cases}x+2, & x\leqslant 0\\ \dfrac{2}{x+1}, & 0<x\leqslant 1\\ 2x^2, & x>1\end{cases}$，讨论当 $x\to 0$ 及 $x\to 1$ 时 $f(x)$ 的极限。

3. 下列变量中，哪个是无穷小，哪个是无穷大？

(1) $67x^3\ (x\to 0)$；　　(2) $\dfrac{1}{\sqrt{x}}\ (x\to 0^+)$；　　(3) $\ln x\ (x\to 0^+)$。

4. 求下列极限：

(1) $\lim\limits_{x\to\infty}\dfrac{\sin x}{x}$；　　(2) $\lim\limits_{x\to 0}x^2\cos\dfrac{1}{x}$。

5. 计算下列极限：

(1) $\lim\limits_{x\to 3}(x^2-2x+3)$；　　(2) $\lim\limits_{x\to -1}(2x^2+3x-1)$；

(3) $\lim\limits_{x\to 2}\dfrac{3x-2}{x^2-x+3}$；　　(4) $\lim\limits_{x\to 3}\dfrac{x^2-9}{x^2-x-6}$；

(5) $\lim\limits_{x\to 1}\dfrac{x^2-3x+2}{x^2-5x+4}$；　　(6) $\lim\limits_{x\to 2}\dfrac{x+1}{x^2-5x+6}$。

6. 计算下列极限：

(1) $\lim\limits_{x\to\infty}\dfrac{x+1}{x^2-x+6}$；　　(2) $\lim\limits_{x\to\infty}\dfrac{2x^4+x^2-1}{x^3-3x+6}$；

(3) $\lim\limits_{x\to\infty}\dfrac{3x^2+x+1}{x^2-x+6}$；　　(4) $\lim\limits_{x\to\infty}\dfrac{x^2+3x+2}{x+4}$；

(5) $\lim\limits_{x\to\infty}\frac{x^2-2}{x^3+x^2+1}$；

(6) $\lim\limits_{x\to\infty}\frac{5x^3+4x}{3x^3-2x^2+x-2}$。

7. 计算下列极限：

(1) $\lim\limits_{x\to3}\cos\frac{x-3}{x^2-9}$；

(2) $\lim\limits_{x\to\infty}\sqrt{\frac{x^2+5x-2}{4x^2-7x+3}}$；

(3) $\lim\limits_{x\to2}\left(\frac{1}{x-2}-\frac{4}{x^2-4}\right)$；

(4) $\lim\limits_{x\to1}\left(\frac{3}{1-x^3}-\frac{1}{1-x}\right)$。

8. 计算下列极限：

(1) $\lim\limits_{x\to0}\frac{\sin4x}{6x}$；

(2) $\lim\limits_{x\to0}\frac{\sin3x}{\sin2x}$；

(3) $\lim\limits_{x\to0}\frac{\tan2x}{\sin5x}$；

(4) $\lim\limits_{x\to0}\frac{\tan x-\sin x}{x}$；

(5) $\lim\limits_{x\to3}\frac{\sin(x^2-9)}{x-3}$；

(6) $\lim\limits_{x\to0}\frac{1-\cos x}{x\sin x}$。

9. 计算下列极限：

(1) $\lim\limits_{x\to\infty}\left(1-\frac{2}{x}\right)^{3x}$；

(2) $\lim\limits_{x\to\infty}\left(1+\frac{3}{x}\right)^{5x}$；

(3) $\lim\limits_{x\to0}(1+2x)^{\frac{4}{x}}$；

(4) $\lim\limits_{x\to0}\left(1-\frac{x}{3}\right)^{\frac{4}{x}}$。

10. 连续复利的月利率为 5‰，本金 2000 元，三个月后的本利和是多少？

11. 判断下列函数在 $x=0$ 处是否连续，并说明理由：

(1) $f(x)=\begin{cases}x^2\sin\frac{1}{x}, & x\neq0\\ 0, & x=0\end{cases}$；

(2) $f(x)=\begin{cases}1-\cos x, & x<0\\ x+1, & x\geq0\end{cases}$。

12. 计算下列极限：

(1) $\lim\limits_{x\to2}\sqrt{\frac{e^x}{x^3-4}}$；

(2) $\lim\limits_{x\to0}\frac{x^2-\sin x+2}{\cos x+\ln(1+x)}$。

13. 求证：方程 $x^3-x-1=0$ 在区间(1, 2)内至少有一个实根。

第三章　导数与微分

导数与微分构成了微分学的总体，其中导数以极限为工具研究函数相对于自变量变化的快慢程度，而微分则指明当自变量发生微小变化时，函数大体上变化多少。

第一节　导数的概念

微积分是以运动的、变化的观点去研究问题，是人类对自然界认识的一大飞跃。导数是微积分的重要部分，是从生产技术和自然科学的需要中产生的。下面我们以两个问题为例，引入导数的概念，同时也介绍微积分的基本思想方法。

一、两个引例

1. 切线的斜率问题

设曲线 L 为函数 $y=f(x)$的图像，其上一点 A 的坐标为$(x_0, f(x_0))$。在曲线上点 A 附近另取一点 B，它的坐标是$(x_0+\Delta x, f(x_0+\Delta x))$。直线 AB 是曲线的割线，它的倾斜角记作 β（见图 3－1）。由图 3－1 中的 Rt$\triangle ACB$，可知割线 AB 的斜率为

$$\tan\beta=\frac{CB}{AC}=\frac{\Delta y}{\Delta x}=\frac{f(x_0+\Delta x)-f(x_0)}{\Delta x}$$

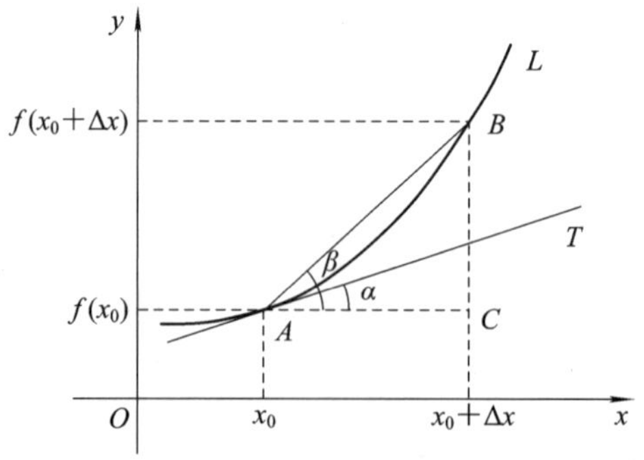

图 3－1

在数量上，它表示当自变量从 x_0 变到 $x_0+\Delta x$ 时函数 $f(x)$关于变量 x 的平均变化率(增长率或减小率)。

现在让点 B 沿着曲线 L 趋向于点 A，此时 $\Delta x\to 0$，过点 A 的割线 AB 如果也能趋向于一个极限位置——直线 AT，我们就称 L 在点 A 处存在切线 AT。记 AT 的倾斜角为 α，则当 $\Delta x\to 0$ 时 α 为 β 的极限。若 $\alpha\neq 90°$，则切线 AT 的斜率 k 为

$$k=\tan\alpha=\lim_{\Delta x\to 0}\tan\beta=\lim_{\Delta x\to 0}\frac{\Delta y}{\Delta x}=\lim_{\Delta x\to 0}\frac{f(x_0+\Delta x)-f(x_0)}{\Delta x}$$

在数量上，它表示函数 $f(x)$在 x_0 处的变化率。

2. 产品产量的变化率问题

设某产品的产量 Q 是时间 t 的函数，即 $Q=Q(t)$，求产量 Q 在 t_0 时刻的变化率。

首先考虑产量在时刻 t_0 附近很短一段时间内的变化率。产品的产量在 t_0 到 $t_0+\Delta t$ 这段时间间隔内从 $Q(t_0)$变到 $Q(t_0+\Delta t)$，其改变量为 $\Delta Q=Q(t_0+\Delta t)-Q(t_0)$，在这段时间内产品的产量的平均变化率为$\frac{\Delta Q}{\Delta t}$，当时间间隔很小时，可以用产量在时间$[t_0, t_0+\Delta t]$内的平均变化率近似地表示 t_0 时刻的变化率，而且 Δt 越小，其近似程度越高。当时间间隔 $\Delta t\to 0$ 时，我们把平均变化率的极限称为 t_0 时刻的变化率，即

$$\lim_{\Delta t\to 0}\frac{\Delta Q}{\Delta t}=\lim_{\Delta t\to 0}\frac{Q(t_0+\Delta t)-Q(t_0)}{\Delta t}$$

上述两个引例，虽然实际意义完全不同，但从抽象的数量关系来看，其实质都是当自变量的改变量趋于零时函数的改变量与自变量的改变量之比的极限。我们把这种特定的极限称为函数的导数。

二、导数的定义

1. 函数在一点处可导的概念

定义 3-1 设函数 $y=f(x)$在 x_0 的某个邻域内有定义，对应于自变量 x 在点 x_0 处有改变量 Δx，函数 $y=f(x)$相应的改变量为 $\Delta y=f(x_0+\Delta x)-f(x_0)$，如果当 $\Delta x\to 0$ 时$\frac{\Delta y}{\Delta x}$的极限存在，则称函数 $y=f(x)$在点 x_0 处可导，并称这个极限为函数 $y=f(x)$在点 x_0 处的导数，记作 $f'(x_0)$，$y'\big|_{x=x_0}$，$\left.\frac{\mathrm{d}y}{\mathrm{d}x}\right|_{x=x_0}$或$\left.\frac{\mathrm{d}f(x)}{\mathrm{d}x}\right|_{x=x_0}$，即

$$f'(x_0)=y'|_{x=x_0}=\lim_{\Delta x\to 0}\frac{\Delta y}{\Delta x}=\lim_{\Delta x\to 0}\frac{f(x_0+\Delta x)-f(x_0)}{\Delta x} \tag{3-1}$$

比值$\frac{\Delta y}{\Delta x}$表示函数 $y=f(x)$在 x_0 到 $x_0+\Delta x$ 之间的平均变化率；导数 $y'|_{x=x_0}$则表示函数在点 x_0 处的变化率，它反映了函数 $y=f(x)$在点 x_0 处自变量随因变量变化的快慢。

如果当 $\Delta x\to 0$ 时$\frac{\Delta y}{\Delta x}$的极限不存在，我们就称函数 $y=f(x)$在点 x_0 处不可导或导数不存在。特别地，如果$\lim\limits_{\Delta x\to 0}\frac{\Delta y}{\Delta x}=\infty$，就说函数 $y=f(x)$在点 x_0 处的导数为无穷大。

在定义 3-1 中，若设 $x=x_0+\Delta x$，则式(3-1)可写成

$$f'(x_0)=\lim_{x\to x_0}\frac{f(x)-f(x_0)}{x-x_0} \tag{3-2}$$

由此可见，前面两个引例说明，曲线 $y=f(x)$在点$(x_0,\ f(x_0))$处切线的斜率就是函数 $f(x)$在点 x_0 处的导数，即 $k=f'(x_0)$；而产品的产量 $Q=Q(t)$在时刻 t_0 的变化率就是函数 $Q(t)$在 t_0 的导数。

根据导数的定义，求函数 $y=f(x)$在点 x_0 处的导数 $f'(x_0)$的步骤如下：

第一步，求函数的改变量 $\Delta y=f(x_0+\Delta x)-f(x_0)$；

第二步，求比值$\frac{\Delta y}{\Delta x}=\frac{f(x_0+\Delta x)-f(x_0)}{\Delta x}$；

第三步，求极限 $f'(x_0)=\lim\limits_{\Delta x\to 0}\frac{\Delta y}{\Delta x}$。

例 3-1　求 $y=x^2$ 在点 $x=2$ 处的导数。

解　$\Delta y=f(2+\Delta x)-f(2)=(2+\Delta x)^2-2^2=4\Delta x+(\Delta x)^2$，则

$$\frac{\Delta y}{\Delta x}=\frac{4\Delta x+(\Delta x)^2}{\Delta x}=4+\Delta x$$

于是

$$\lim_{\Delta x\to 0}\frac{\Delta y}{\Delta x}=\lim_{\Delta x\to 0}(4+\Delta x)=4$$

所以 $y'|_{x=2}=4$。

例 3-2　求函数 $f(x)=\begin{cases}\sin x, & x<0\\ x, & x\geqslant 0\end{cases}$在点 $x=0$ 处的导数。

解　当 $\Delta x<0$ 时，

$$\Delta y=f(0+\Delta x)-f(0)=\sin\Delta x-0=\sin\Delta x$$

于是

$$\lim_{\Delta x \to 0^-} \frac{\Delta y}{\Delta x} = \lim_{\Delta x \to 0^-} \frac{\sin\Delta x}{\Delta x} = 1$$

而当 $\Delta x > 0$ 时，

$$\Delta y = f(0 + \Delta x) - f(0) = \Delta x - 0 = \Delta x$$

于是

$$\lim_{\Delta x \to 0^+} \frac{\Delta y}{\Delta x} = \lim_{\Delta x \to 0^+} \frac{\Delta x}{\Delta x} = 1$$

因此

$$f'(0) = \lim_{\Delta x \to 0} \frac{\Delta y}{\Delta x} = 1$$

定义 3-2 函数 $y=f(x)$ 在点 x_0 处的左导数记为 $f'_-(x_0)$，且

$$f'_-(x_0) = \lim_{\Delta x \to 0^-} \frac{f(x_0 + \Delta x) - f(x_0)}{\Delta x}$$

同样地，右导数为

$$f'_+(x_0) = \lim_{\Delta x \to 0^+} \frac{f(x_0 + \Delta x) - f(x_0)}{\Delta x}$$

定理 3-1 函数在一点处导数存在的充要条件为左、右导数存在且相等，即

$$f'(x_0) = A \Leftrightarrow f'_-(x_0) = f'_+(x_0) = A$$

2. 导函数的概念

如果函数 $y=f(x)$ 在开区间 I 内的每一点都可导，则称函数 $y=f(x)$ 在开区间 I 内可导。这时，对开区间 I 内每一个确定的值 x 都对应一个 $f(x)$ 的确定的导数值，这样就构成一个新函数，称之为 $f(x)$ 的导函数，简称导数，记作 $f'(x)$，y'，$\frac{\mathrm{d}y}{\mathrm{d}x}$ 或 $\frac{\mathrm{d}f(x)}{\mathrm{d}x}$，即

$$f'(x) = \lim_{\Delta x \to 0} \frac{\Delta y}{\Delta x} = \lim_{\Delta x \to 0} \frac{f(x + \Delta x) - f(x)}{\Delta x} \qquad (3-3)$$

注意：

(1) $f'(x)$ 是 x 的函数，而 $f'(x_0)$ 是一个数值；

(2) $f(x)$ 在点 x_0 处的导数 $f'(x_0)$ 就是导函数 $f'(x)$ 在点 x_0 处的函数值。

例 3-3 求 $y=C$(C 为常数)的导数。

解 因为 $\Delta y = C - C = 0$，所以

$$y' = \lim_{\Delta x \to 0} \frac{\Delta y}{\Delta x} = 0$$

即 $(C)' = 0$(常数的导数恒等于零)。

例 3-4 求 $y=x^3$ 的导数。

解 设函数 $f(x)=x^3$，根据导数定义，可得

$$f'(x)=\lim_{\Delta x\to 0}\frac{f(x+\Delta x)-f(x)}{\Delta x}=\lim_{\Delta x\to 0}\frac{(x+\Delta x)^3-x^3}{\Delta x}$$
$$=\lim_{\Delta x\to 0}\frac{3x^2\Delta x+3x(\Delta x)^2+(\Delta x)^3}{\Delta x}$$
$$=3x^2$$

即

$$(x^3)'=3x^2$$

一般地，对于幂函数 $y=x^k(k\in\mathbf{R})$，有

$$(x^k)'=kx^{k-1}$$

这就是幂函数的求导公式，利用它可以很方便地求出幂函数的导数。

例 3－5 求下面函数的导数：

（1）$y=x^2$； （2）$y=\sqrt{x}$； （3）$y=\dfrac{1}{x}$； （4）$y=\dfrac{1}{x^2}$。

解 （1）$y'=(x^2)'=2x^{2-1}=2x$

（2）因为 $y=\sqrt{x}=x^{\frac{1}{2}}$，所以

$$y'=(\sqrt{x})'=(x^{\frac{1}{2}})'=\frac{1}{2}x^{\frac{1}{2}-1}=\frac{1}{2}x^{-\frac{1}{2}}=\frac{1}{2\sqrt{x}}$$

（3）因为 $y=\dfrac{1}{x}=x^{-1}$，所以

$$y'=\left(\frac{1}{x}\right)'=(x^{-1})'=-1\cdot x^{-1-1}=-x^{-2}=-\frac{1}{x^2}$$

（4）因为 $y=\dfrac{1}{x^2}=x^{-2}$，所以

$$y'=\left(\frac{1}{x^2}\right)'=(x^{-2})'=-2x^{-2-1}=-2x^{-3}=-\frac{2}{x^3}$$

可以记住这些常用幂函数的导数，直接应用。

三、导数的几何意义

由引例的切线问题及导数的定义可知，如果函数 $f(x)$在点 x_0 处可导，则曲线 $y=f(x)$在点$(x_0, f(x_0))$处有不垂直于 x 轴的切线，其斜率为 $f'(x_0)$，这就是导数的几何意义。

根据导数的几何意义及直线的点斜式方程，容易求出曲线 $y=f(x)$在点$(x_0, f(x_0))$处的切线方程为

$$y-f(x_0)=f'(x_0)(x-x_0) \qquad (3-4)$$

而过点$(x_0, f(x_0))$处的法线方程为

$$y-f(x_0)=-\frac{1}{f'(x_0)}(x-x_0) \tag{3-5}$$

显然，如果 $f'(x_0)=0$，则曲线 $y=f(x)$ 在点 $(x_0, f(x_0))$ 处具有水平切线 $y=f(x_0)$，而法线为 $x=x_0$；如果 $f(x)$ 在点 x_0 处的导数为无穷大，则曲线 $y=f(x)$ 在点 $(x_0, f(x_0))$ 处具有垂直于 x 轴的切线 $x=x_0$，而法线为 $y=f(x_0)$。

例 3-6 求曲线 $y=x^4$ 在点(2，16)处的切线和法线方程。

解 因为 $y'=4x^3$，则 $y'|_{x=2}=4x^3|_{x=2}=4\times 2^3=32$，所以所求切线方程为

$$y-16=32(x-2)$$

即

$$32x-y-48=0$$

法线方程为

$$y-16=-\frac{1}{32}(x-2)$$

即

$$x+32y-514=0$$

四、函数的可导性与连续性的关系

初等函数在其有定义的区间上是连续的，函数的连续性与可导性之间有如下关系：

定理 3-2 如果函数 $f(x)$ 在点 x_0 处可导，则函数 $f(x)$ 在点 x_0 处连续。

但是，$y=f(x)$ 在点 x_0 处连续时却不一定在该点处可导。

例 3-7 函数 $y=|x|$ 在 $x=0$ 处是连续的但不可导(见图 3-2)。因为

$$f'_-(0)=\lim_{\Delta x\to 0^-}\frac{\Delta y}{\Delta x}=\lim_{\Delta x\to 0^-}\frac{-\Delta x}{\Delta x}=-1$$

$$f'_+(0)=\lim_{\Delta x\to 0^+}\frac{\Delta y}{\Delta x}=\lim_{\Delta x\to 0^+}\frac{\Delta x}{\Delta x}=1$$

所以 $y=|x|$ 在 $x=0$ 处不可导。

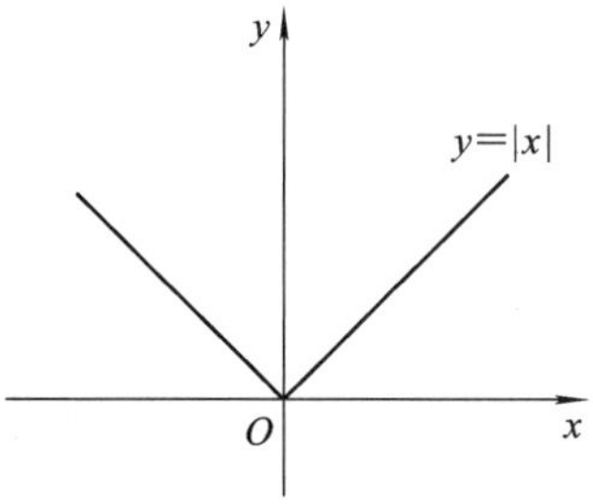

图 3-2

一般地，如果函数图像在某点处出现“尖点”，则函数在该点不可导。

例 3－8 函数 $y=\sqrt[3]{x}$ 在 $x=0$ 处连续但不可导(见图 3－3)。因为曲线 $y=\sqrt[3]{x}$ 在原点 O 具有垂直于 x 轴的切线，也就是说，函数 $y=\sqrt[3]{x}$ 在 $x=0$ 处的导数为无穷大。

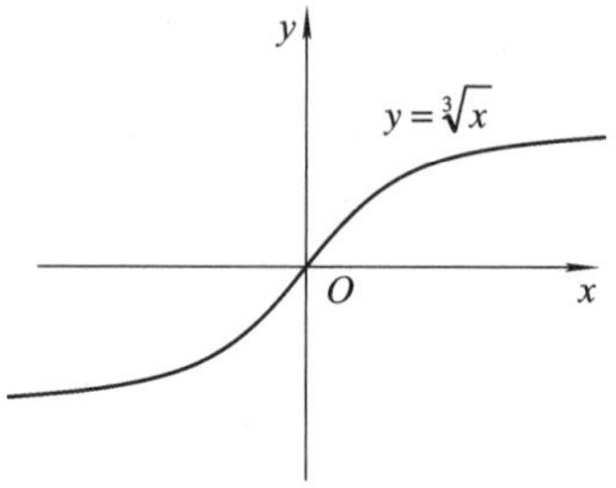

图 3－3

例 3－9 设函数 $f(x)=\begin{cases} x^2, & x\geqslant 0 \\ x+1, & x<0 \end{cases}$，讨论函数在 $x=0$ 处的连续性和可导性。

解 因为 $\lim\limits_{x\to 0^-} f(x)=\lim\limits_{x\to 0^-}(x+1)=1\neq f(0)$，所以 $f(x)$ 在 $x=0$ 处不连续，于是 $f(x)$ 在 $x=0$ 处也不可导。

第二节 函数的求导法则

利用导数定义求导数，其运算往往比较复杂，有时甚至是不可行的。为了能够迅速、准确地求出初等函数的导数，本节将介绍基本初等函数的导数公式，函数和、差、积、商的求导法则及复合函数的求导法则。

一、基本导数公式

为了应用方便，这里列出基本初等函数的导数公式。

(1) $(C)'=0$；

(2) $(x^k)'=kx^{k-1}$(k 为常数)；

(3) $(a^x)'=a^x\ln a$($a>0$ 且 $a\neq 1$)；

(4) $(\mathrm{e}^x)'=\mathrm{e}^x$；

(5) $(\log_a x)'=\dfrac{1}{x\ln a}$ ($a>0$ 且 $a\neq 1$)；

(6) $(\ln x)'=\dfrac{1}{x}$；

(7) $(\sin x)'=\cos x$;

(8) $(\cos x)'=-\sin x$;

(9) $(\tan x)'=\sec^2 x$;

(10) $(\cot x)'=-\csc^2 x$;

(11) $(\sec x)'=\sec x\tan x$;

(12) $(\csc x)'=-\csc x\cot x$;

(13) $(\arcsin x)'=\dfrac{1}{\sqrt{1-x^2}}$ $(|x|<1)$;

(14) $(\arccos x)'=-\dfrac{1}{\sqrt{1-x^2}}$ $(|x|<1)$;

(15) $(\arctan x)'=\dfrac{1}{1+x^2}$;

(16) $(\text{arccot}\, x)'=-\dfrac{1}{1+x^2}$。

二、函数和、差、积、商的求导法则

定理 3-3 设函数 $u(x)$ 和 $v(x)$ 均在点 x 处可导，则它们的和、差、积、商(分母不为 0 时)也均在点 x 处可导，且有

$$[u(x)\pm v(x)]' = u'(x)\pm v'(x) \tag{3-6}$$

$$[u(x)v(x)]' = u'(x)v(x)+u(x)v'(x) \tag{3-7}$$

$$\left[\frac{u(x)}{v(x)}\right]' = \frac{u'(x)v(x)-u(x)v'(x)}{v^2(x)} \quad (v(x)\neq 0) \tag{3-8}$$

式(3-6)和式(3-7)可以推广到有限个函数的情况，如

$$(uvw)' = u'vw+uv'w+uvw'$$

并且在式(3-7)中令 $v(x)$ 为常数 C 时，可得

$$(Cu)' = Cu'$$

在式(3-8)中令 $u(x)$ 为常数 C 时，可得

$$\left(\frac{C}{v}\right)' = -\frac{Cv'}{v^2} \quad (v(x)\neq 0)$$

而若上式的常数 $C=1$ 时，则有

$$\left(\frac{1}{v}\right)' = -\frac{v'}{v^2} \quad (v(x)\neq 0)$$

例 3-10 设 $y=x^3-5x$，求 y'。

解 $y'=(x^3-5x)'=(x^3)'-(5x)'=3x^2-5$

例 3-11 设 $f(x)=\cos x+2x+\sin\dfrac{\pi}{6}$，求 $f'(x)$，$f'(1)$。

解　$f'(x)=\left(\cos x+2x+\sin\frac{\pi}{6}\right)'=(\cos x)'+(2x)'+\left(\sin\frac{\pi}{6}\right)'=-\sin x+2$

$f'(1)=-\sin 1+2$

例 3-12　设 $y=4\sin x-3\ln x+5\sqrt{x}$，求 y'。

解　$y'=(4\sin x-3\ln x+5\sqrt{x})'=4(\sin x)'-3(\ln x)'+5(\sqrt{x})'$

$$=4\cos x-\frac{3}{x}+\frac{5}{2\sqrt{x}}$$

例 3-13　设 $y=x^8-5^x$，求 y'。

解　$y'=(x^8-5^x)'=(x^8)'-(5^x)'=8x^7-5^x\ln 5$

例 3-14　设 $f(x)=x^3\sin x$，求 $f'(x)$。

解　$f'(x)=(x^3\sin x)'=(x^3)'\sin x+x^3(\sin x)'=3x^2\sin x+x^3\cos x$

例 3-15　设 $y=(3x+2)e^x$，求 y'。

解　$y'=[(3x+2)e^x]'=(3x+2)'e^x+(3x+2)(e^x)'$

$$=3e^x+(3x+2)e^x=(3x+5)e^x$$

例 3-16　设 $y=x^2\ln x$，求 y'。

解　$y'=(x^2\ln x)'=(x^2)'\ln x+x^2(\ln x)'$

$$=2x\ln x+x^2\cdot\frac{1}{x}=2x\ln x+x$$

例 3-17　设 $y=\frac{e^x}{x+1}$，求 y'。

解　$y'=\left(\frac{e^x}{x+1}\right)'=\frac{(e^x)'(x+1)-e^x(x+1)'}{(x+1)^2}=\frac{e^x(x+1)-e^x}{(x+1)^2}=\frac{xe^x}{(x+1)^2}$

例 3-18　设 $y=\frac{x^2}{x+2}$，求 y'。

解　$y'=\left(\frac{x^2}{x+2}\right)'=\frac{(x^2)'(x+2)-x^2(x+2)'}{(x+2)^2}=\frac{2x(x+2)-x^2}{(x+2)^2}=\frac{x^2+4x}{(x+2)^2}$

三、复合函数的求导法则

定理 3-4　设函数 $u=\varphi(x)$ 在点 x 处可导，函数 $y=f(u)$ 在对应点 $u=\varphi(x)$ 处可导，则复合函数 $y=f[\varphi(x)]$ 在点 x 处可导，且有

$$y'_x=y'_u\cdot u'_x=f'(u)\varphi'(x)\quad 或\quad \frac{dy}{dx}=\frac{dy}{du}\cdot\frac{du}{dx}\tag{3-9}$$

复合函数的求导法则说明：y 对 x 的导数等于 y 对中间变量 u 的导数与中间变量 u 对自变量 x 的导数的乘积。这个法则称为链式法则。

此法则也可以推广到多个函数复合的情况。如 $y=f(u)$，$u=\varphi(v)$，

$v=\psi(x)$均可导，则它们的复合函数 $y=f\{\varphi[\psi(x)]\}$也可导，且

$$\frac{\mathrm{d}y}{\mathrm{d}x}=\frac{\mathrm{d}y}{\mathrm{d}u}\cdot\frac{\mathrm{d}u}{\mathrm{d}v}\cdot\frac{\mathrm{d}v}{\mathrm{d}x}=f'(u)\varphi'(v)\psi'(x)$$

例 3－19　求 $y=\sin 2x$ 的导数。

解　令 $y=\sin u$，$u=2x$，则

$$y_x'=y_u'\cdot u_x'=(\sin u)'\cdot(2x)'=\cos u\cdot 2=2\cos 2x$$

例 3－20　求 $y=\mathrm{e}^{5x}$的导数。

解　令 $y=\mathrm{e}^u$，$u=5x$，则

$$y_x'=y_u'\cdot u_x'=(\mathrm{e}^u)'\cdot(5x)'=\mathrm{e}^u\cdot 5=5\mathrm{e}^{5x}$$

例 3－21　求 $y=\ln\sin x^2$ 的导数。

解　令 $y=\ln u$，$u=\sin v$，$v=x^2$，则

$$\begin{aligned}y_x'&=y_u'\cdot u_v'\cdot v_x'=(\ln u)'\cdot(\sin v)'\cdot(x^2)'\\&=\frac{1}{u}\cdot\cos v\cdot 2x=\frac{2x\cos x^2}{\sin x^2}=2x\cot x^2\end{aligned}$$

应用熟练后，可以不写出中间变量，而直接写出函数对中间变量的求导结果，重要的是要清楚每一步是哪个变量对哪个变量求导。

例 3－22　设 $y=\ln\cos x$，求 y'。

解　$y'=(\ln\cos x)'=\dfrac{1}{\cos x}\cdot(\cos x)'=\dfrac{1}{\cos x}\cdot(-\sin x)=-\tan x$

例 3－23　设 $y=\sqrt{x^2+3}$，求 y'。

解　$y'=(\sqrt{x^2+3})'=\dfrac{1}{2\sqrt{x^2+3}}\cdot(x^2+3)'=\dfrac{1}{2\sqrt{x^2+3}}\cdot 2x=\dfrac{x}{\sqrt{x^2+3}}$

例 3－24　设 $y=(4x-5)^3$，求 y'。

解　$y'=[(4x-5)^3]'=3(4x-5)^2\cdot(4x-5)'=3(4x-5)^2\cdot 4$

$=12(4x-5)^2$

例 3－25　设 $y=\sin^2(4x-3)$，求 y'。

解　$y'=[\sin^2(4x-3)]'=2\sin(4x-3)\cdot[\sin(4x-3)]'$

$=2\sin(4x-3)\cdot\cos(4x-3)\cdot(4x-3)'=4\sin(8x-6)$

例 3－26　$y=\ln|x|$ $(x\neq 0)$，求 y'。

解　当 $x>0$ 时，$y=\ln x$，则

$$y'=\frac{1}{x}$$

当 $x<0$ 时，$y=\ln|x|=\ln(-x)$，则

$$y'=[\ln(-x)]'=\frac{1}{-x}\cdot(-x)'=\frac{1}{-x}\cdot(-1)=\frac{1}{x}$$

所以

$$y' = (\ln|x|)' = \frac{1}{x}$$

利用基本导数公式，以及函数和、差、积、商的求导法则与复合函数的求导法则，就可以求出各种初等函数的导数。

四、高阶导数

一般地，函数 $y=f(x)$的导数 $y'=f'(x)$仍是 x 的函数，$y'=f'(x)$再对 x 求导，即导数的导数，称为 y 或 $f(x)$对 x 的二阶导数，记作 y''，$f''(x)$，$\frac{d^2y}{dx^2}$或$\frac{d^2f(x)}{dx^2}$，即

$$y'' = (y')' \quad 或 \quad \frac{d^2y}{dx^2} = \frac{d}{dx}\left(\frac{dy}{dx}\right)$$

类似地，二阶导数 y''的导数，称为 y 对 x 的三阶导数，记作 y'''，$f'''(x)$，$\frac{d^3y}{dx^3}$或$\frac{d^3f(x)}{dx^3}$。这样可以定义 y 对 x 的四阶导数、五阶导数、……直到 y 对 x 的 n 阶导数，记作 $y^{(n)}$，$f^{(n)}(x)$，$\frac{d^ny}{dx^n}$或$\frac{d^nf(x)}{dx^n}$，它就是 y 对 x 的$n-1$ 阶导数的导数，即

$$y^{(n)} = [y^{(n-1)}]' \quad 或 \quad \frac{d^ny}{dx^n} = \frac{d}{dx}\left(\frac{d^{n-1}y}{dx^{n-1}}\right)$$

相应地，我们前面所说的导数 y'也称为 y 对 x 的一阶导数。二阶及二阶以上的导数统称为高阶导数。

由此可见，求高阶导数就是多次连续地求导数，所以只需应用前面学过的求导方法就能计算高阶导数。

例 3－27 求函数 $y=x^5$ 的四阶导数。

解 $y'=(x^5)'=5x^4$，$y''=(5x^4)'=20x^3$

$y'''=(20x^3)'=60x^2$，$y^{(4)}=(60x^2)'=120x$

例 3－28 求函数 $y=a^x$ 的 n 阶导数。

解 $y'=(a^x)'=a^x\ln a$，$y''=(a^x\ln a)'=a^x(\ln a)^2$，$y'''=[a^x(\ln a)^2]'=a^x(\ln a)^3$，如此下去，可得

$$y^{(n)} = a^x(\ln a)^n$$

特别地，$(e^x)^{(n)}=e^x$。

例 3－29 设 $y=\ln(x^2+1)$，求 y''。

解 因为

$$y'=[\ln(x^2+1)]'=\frac{1}{x^2+1}\cdot(x^2+1)'=\frac{2x}{x^2+1}$$

所以

$$y''=\left(\frac{2x}{x^2+1}\right)'=\frac{(2x)'(x^2+1)-2x\cdot(x^2+1)'}{(x^2+1)^2}$$

$$=\frac{2x^2+2-4x^2}{(x^2+1)^2}=\frac{2-2x^2}{(x^2+1)^2}$$

例 3－30 设 $y=x\sin x$，求 y''。

解 因为

$$y'=(x)'\sin x+x(\sin x)'=\sin x+x\cos x$$

所以

$$y''=(\sin x)'+(x\cos x)'=\cos x+\cos x-x\sin x=2\cos x-x\sin x$$

例 3－31 设 $y=(2x-1)^3$，求 y''。

解 因为

$$y'=3(2x-1)^2(2x-1)'=6(2x-1)^2$$

所以

$$y''=[6(2x-1)^2]'=12(2x-1)(2x-1)'=24(2x-1)$$

五、隐函数和由参数方程所确定的函数的导数

1. 隐函数的导数

如果变量 x 与 y 之间的对应规律是把 y 直接表示成 x 的解析式，即熟知的 $y=f(x)$ 的形式，则称函数 $y=f(x)$ 为显函数。

如果能从方程 $F(x, y)=0$ 确定 y 为 x 的函数 $y=f(x)$，则称 $y=f(x)$ 为由方程 $F(x, y)=0$ 所确定的隐函数。

有些隐函数不容易显化为显函数，所以我们要找出一种能直接由方程求出它所确定的隐函数的导数的方法。下面通过具体例子来说明这种方法。

例 3－32 求由方程 $x^2+y^2=1$ 所确定的隐函数的导数。

解 在等式的两边同时对 x 求导，注意现在方程中的 y 是 x 的函数，所以 y^2 是 x 的复合函数，由复合函数求导法则可得

$$2x+2y\cdot y'=0$$

从而解得

$$y'=-\frac{x}{y}$$

例 3－33 求由方程 $e^x-3xy+e^y=0$ 所确定的隐函数的导数 $\frac{dy}{dx}$。

解 方程两边同时对 x 求导，得

$$e^x - 3\left(y + x\frac{dy}{dx}\right) + e^y\frac{dy}{dx} = 0$$

从而解得

$$\frac{dy}{dx} = \frac{e^x - 3y}{3x - e^y}$$

例 3－34 求由方程 $y=\sin(x+y)$ 所确定的隐函数的导数。

解 方程两边同时对 x 求导，得

$$y' = \cos(x+y)\cdot(1+y')$$

从而解得

$$y' = \frac{\cos(x+y)}{1-\cos(x+y)}$$

例 3－35 求由方程 $x^2+xy+y^2=4$ 所确定的隐函数的导数。

解 方程两边同时对 x 求导，得

$$2x + y + xy' + 2yy' = 0$$

从而解得

$$y' = -\frac{2x+y}{x+2y}$$

2. 由参数方程所确定的函数的导数

若参数方程

$$\begin{cases} x = \varphi(t) \\ y = \psi(t) \end{cases}$$

确定 x 与 y 间的函数关系，则此函数称为由参数方程所确定的函数。

当 $x=\varphi(t)$，$y=\psi(t)$ 都可导，且 $\varphi'(t)\neq 0$ 时，由此参数方程所确定的函数的导数为

$$\frac{dy}{dx} = \frac{\frac{dy}{dt}}{\frac{dx}{dt}} = \frac{\psi'(t)}{\varphi'(t)} = \frac{y_t'}{x_t'}$$

例 3－36 计算由参数方程 $\begin{cases} x=1+t^2 \\ y=\cos t \end{cases}$ 所确定的函数的导数。

解 $\frac{dy}{dx}=\frac{y_t'}{x_t'}=\frac{(\cos t)'}{(1+t^2)'}=\frac{-\sin t}{2t}$

例 3－37 计算由参数方程 $\begin{cases} x=1+\sin t \\ y=t\cos t \end{cases}$ 所确定的函数的导数。

解 $\dfrac{dy}{dx}=\dfrac{y_t'}{x_t'}=\dfrac{(t\cos t)'}{(1+\sin t)'}=\dfrac{\cos t-t\sin t}{\cos t}=1-t\tan t$

第三节　函数的微分

本节介绍微分学中另一个基本概念——微分。在对许多实际问题的讨论中，可以通过对微小的局部状态的讨论找寻一般规律，这就需要找出各变量的微小增量间的关系。微分则提供了表达这种微增量关系的一种简便实用的方法。微分具有双重意义：它表示一个微小的量，同时又表示一种与求导密切相关的运算。微分是微分学转向积分学的一个关键概念。

一、微分的概念

先看下例。考虑边长为 x 的正方形，其面积为 y，则

$$y = x^2$$

若边长由 x_0 变化到 $x_0+\Delta x$，则面积相应的改变量为

$$\Delta y = (x_0+\Delta x)^2 - x_0^2 = 2x_0\Delta x + (\Delta x)^2$$

如图 3 - 4 所示。

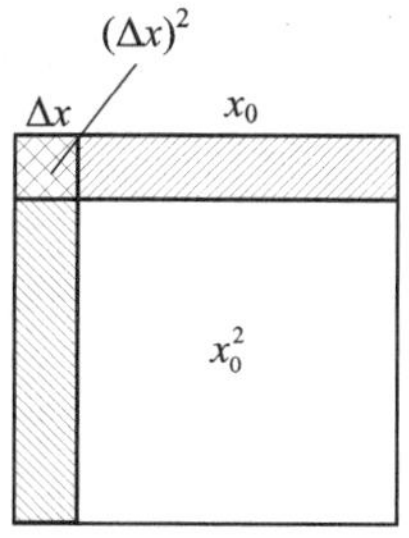

图 3 - 4

当 $|\Delta x|$ 很小时，$2x_0\Delta x$ 是 Δy 的主要部分，$(\Delta x)^2$ 要比 Δx 小很多，而 $2x_0\Delta x$ 是 Δx 的 $2x_0$ 倍，即是 Δx 的线性函数，所以称为 Δy 的线性主部。当 $\Delta x\to 0$ 时，$(\Delta x)^2=o(\Delta x)$，因此计算 Δy 时可以把 $(\Delta x)^2$ 忽略不计，即

$$\Delta y \approx 2x_0\Delta x$$

一般地，有如下定义。

定义 3 - 3　设函数 $y=f(x)$ 在某区间内有定义，x_0 及 $x_0+\Delta x$ 在该区间内，如果当 $\Delta x\to 0$ 时函数的改变量 $\Delta y=f(x_0+\Delta x)-f(x_0)$ 可以表示为

$$\Delta y = A\Delta x + o(\Delta x)$$

其中 A 是仅依赖于 x_0 而与 Δx 无关的常数，$o(\Delta x)$ 是比 Δx 高阶的无穷小，则称函数 $y=f(x)$ 在点 x_0 处可微，并称 $A\Delta x$ 为函数 $y=f(x)$ 在点 x_0 处相应于自

变量的增量 Δx 的微分，记作 $dy|_{x=x_0}$，即

$$dy|_{x=x_0} = A\Delta x$$

所以，函数在一点处的微分就是函数在该点的改变量的线性主部。

定理 3－5 函数 $f(x)$在点 x_0 处可微的充要条件是函数 $f(x)$在点 x_0 处可导，且有

$$dy|_{x=x_0} = f'(x_0)\Delta x \tag{3-10}$$

由此可知，当 $f'(x_0)\neq 0$，且$|\Delta x|$很小时，有

$$\Delta y \approx dy$$

这就把计算比较复杂的函数的增量 Δy 近似表示成了一个计算比较简单的量 dy，它的近似程度是比较好的。

当 $f(x)=x$ 时，$f'(x)=1$，所以

$$df(x) = dx = 1\cdot\Delta x = \Delta x$$

即自变量的微分就是自变量的增量。$f(x)$在点 x_0 处的微分也可写为

$$dy|_{x=x_0} = f'(x_0)dx$$

如果函数 $y=f(x)$在某区间内每一点处都可微，则称函数在该区间内是可微函数。函数 $y=f(x)$在区间内任一点 x 处的微分为

$$dy = y'dx \quad 或 \quad dy = f'(x)dx \tag{3-11}$$

由此可知，导数 $f'(x)=\dfrac{dy}{dx}$可以看作函数的微分与自变量的微分的商，所以导数也称为“微商”。

例 3－38 求函数 $y=x^3$ 的微分。

解 因为 $y'=3x^2$，所以

$$dy = y'dx = 3x^2dx$$

例 3－39 求函数 $y=e^x+5x$ 的微分。

解 因为 $y'=e^x+5$，所以

$$dy = y'dx = (e^x+5)dx$$

例 3－40 求函数 $y=x^2\sin x$ 的微分。

解 因为 $y'=(x^2)'\sin x+x^2(\sin x)'=2x\sin x+x^2\cos x$，所以

$$dy = y'dx = (2x\sin x + x^2\cos x)dx$$

二、微分的几何意义

设函数 $y=f(x)$的图像如图 3－5 所示，点 $M(x_0, y_0)$，$N(x_0+\Delta x, y_0+\Delta y)$在曲线上，过 M、N 分别作 x 轴、y 轴的平行线，相交于点 Q，则有向线段 $MQ=\Delta x$，$QN=\Delta y$。

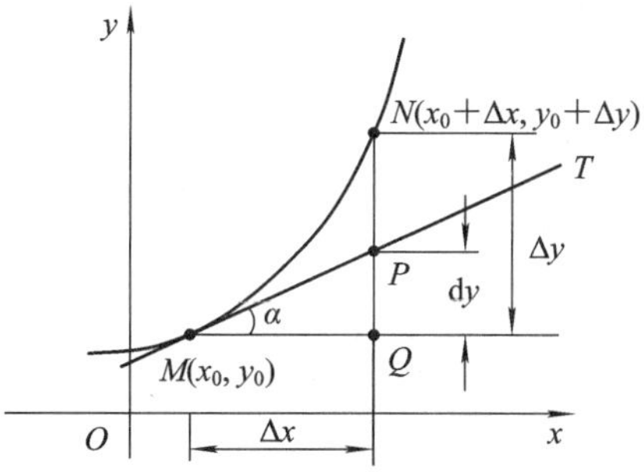

图 3－5

过点 M 再作曲线的切线 MT，设其倾斜角为 α，MT 交 QN 于点 P，则有向线段

$$QP = MQ \cdot \tan\alpha = f'(x_0)\Delta x = \mathrm{d}y$$

因此函数 $y=f(x)$ 在点 x_0 处的微分 $\mathrm{d}y$ 在几何上表示函数图像在点 $M(x_0, y_0)$ 处切线的纵坐标的相应增量。

由图 3－5 还可以看出：

(1) 线段 PN 的长表示用 $\mathrm{d}y$ 来近似代替 Δy 所产生的误差，当 $|\Delta x|=|\mathrm{d}x|$ 很小时，它比 $|\mathrm{d}y|$ 要小得多；

(2) 近似式 $\Delta y \approx \mathrm{d}y$ 表示当 $\Delta x \to 0$ 时，可以以 QP 近似代替 QN，即以图像在 M 处的切线来近似代替曲线本身，亦即在一点的附近可以用"直"代"曲"。

三、微分的基本公式与运算法则

1. 微分的基本公式

由基本导数公式和微分与导数的关系，可得如下基本微分公式。

(1) $\mathrm{d}(C)=0$；

(2) $\mathrm{d}(x^k)=kx^{k-1}\mathrm{d}x$（$k$ 为常数）；

(3) $\mathrm{d}(a^x)=a^x\ln a\mathrm{d}x$（$a>0$ 且 $a\neq1$）；

(4) $\mathrm{d}(\mathrm{e}^x)=\mathrm{e}^x\mathrm{d}x$；

(5) $\mathrm{d}(\log_a x)=\dfrac{1}{x\ln a}\mathrm{d}x$（$a>0$ 且 $a\neq1$）；

(6) $\mathrm{d}(\ln x)=\dfrac{1}{x}\mathrm{d}x$；

(7) $\mathrm{d}(\sin x)=\cos x\mathrm{d}x$；

(8) $\mathrm{d}(\cos x)=-\sin x\mathrm{d}x$；

(9) $\mathrm{d}(\tan x)=\sec^2 x\mathrm{d}x$；

(10) $\mathrm{d}(\cot x)=-\csc^2 x\mathrm{d}x$；

(11) $d(\sec x)=\sec x\tan x dx$;

(12) $d(\csc x)=-\csc x\cot x dx$;

(13) $d(\arcsin x)=\frac{1}{\sqrt{1-x^2}}dx$ ($|x|<1$);

(14) $d(\arccos x)=-\frac{1}{\sqrt{1-x^2}}dx$ ($|x|<1$);

(15) $d(\arctan x)=\frac{1}{1+x^2}dx$;

(16) $d(\text{arccot}x)=-\frac{1}{1+x^2}dx$。

2. 函数和、差、积、商的微分法则

由函数的求导法则可以得到相应的微分法则。

设 $u=u(x)$，$v=v(x)$，则函数和、差、积、商的微分法则如下：

$$d(u\pm v)=du\pm dv$$

$$d(uv)=vdu+udv$$

$$d\left(\frac{u}{v}\right)=\frac{vdu-udv}{v^2}\quad(v\neq 0)$$

3. 复合函数的微分法则

由复合函数的求导法则可以得到相应的微分法则。

设 $y=f(u)$，$u=\varphi(x)$，则对于复合函数 $y=f[\varphi(x)]$，有

$$\frac{dy}{dx}=\frac{dy}{du}\cdot\frac{du}{dx}=f'(u)\varphi'(x)$$

所以

$$dy=y'dx=f'(u)\varphi'(x)dx$$

而对于函数 $u=\varphi(x)$，其微分

$$du=\varphi'(x)dx$$

于是，复合函数的微分法则也可以写成

$$dy=f'(u)du$$

最后得到的结果与 u 是自变量时的形式相同，这说明无论 u 是自变量还是中间变量，函数 $y=f(u)$ 的微分 dy 都可以写为 $f'(u)du$ 的形式。这个性质称为一阶微分形式不变性。

这样，如果 $y=f(u)$，$u=\varphi(x)$，则

$$dy=f'(u)du=f'(u)\varphi'(x)dx \tag{3-12}$$

例 3-41 求函数 $y=\sin 5x$ 的微分。

解 方法一：因为 $y'=(\sin 5x)'=\cos 5x\cdot(5x)'=5\cos 5x$，所以

$$dy=y'dx=5\cos 5x dx$$

方法二：$dy=d(\sin 5x)=\cos 5x d(5x)=5\cos 5x dx$

例 3-42 求函数 $y=\ln\sin 2x$ 的微分。

解 方法一：$dy=(\ln\sin 2x)'dx=\dfrac{1}{\sin 2x}\cdot(\sin 2x)'dx$

$$=\frac{1}{\sin 2x}\cdot\cos 2x\cdot(2x)'dx=2\cot 2x dx$$

方法二：$dy=d(\ln\sin 2x)=\dfrac{1}{\sin 2x}d(\sin 2x)=\dfrac{\cos 2x}{\sin 2x}d(2x)=2\cot 2x dx$

四、微分在近似计算上的应用

由微分的概念可知，微分思想是一个线性近似的观念，利用几何的语言就是在函数曲线的局部用直线代替曲线，而线性函数总是比较容易进行数值计算的，因此可以把线性函数的数值计算结果作为本来函数的数值近似值，这就是运用微分方法进行近似计算的基本思想。

当函数 $y=f(x)$在点 x_0 处的导数 $f'(x_0)\neq 0$，且$|\Delta x|$很小时，有近似公式

$$\Delta y\approx dy=f'(x_0)\Delta x$$

即

$$\Delta y=f(x_0+\Delta x)-f(x_0)\approx f'(x_0)\Delta x \tag{3-13}$$

或

$$f(x_0+\Delta x)\approx f(x_0)+f'(x_0)\Delta x \tag{3-14}$$

如果令式(3-14)中的 $x_0+\Delta x=x$，即 $\Delta x=x-x_0$，则有

$$f(x)\approx f(x_0)+f'(x_0)(x-x_0) \tag{3-15}$$

例 3-43 求 $\sin 31°$的近似值。

解 $30°=\dfrac{\pi}{6}$，$1°=\dfrac{\pi}{180}$，对函数 $y=\sin x$，在点 $x_0=\dfrac{\pi}{6}$，$\Delta x=\dfrac{\pi}{180}$应用近似公式(3-14)，得

$$\sin 31°\approx\sin\frac{\pi}{6}+(\sin x)'\Big|_{x=\frac{\pi}{6}}\cdot\frac{\pi}{180}$$

$$=\sin\frac{\pi}{6}+\cos\frac{\pi}{6}\cdot\frac{\pi}{180}=\frac{1}{2}+\frac{\sqrt{3}}{2}\cdot\frac{\pi}{180}\approx 0.5151$$

在式(3-15)中，令 $x_0=0$，得

$$f(x)\approx f(0)+f'(0)x\quad(|x|\text{很小}) \tag{3-16}$$

应用式(3-16)可得到工程上常用的一些近似公式($|x|$很小)：

(1) $\sqrt[n]{1+x} \approx 1+\frac{x}{n}$；

(2) $\sin x \approx x$ ；

(3) $\tan x \approx x$；

(4) $e^x \approx 1+x$；

(5) $\ln(1+x) \approx x$。

例 3-44 计算$\sqrt{1.05}$的近似值。

解 由公式$\sqrt[n]{1+x} \approx 1+\frac{x}{n}$，得

$$\sqrt{1.05} \approx 1+\frac{0.05}{2}=0.025$$

例 3-45 计算$\sqrt[5]{31}$的近似值。

解 由于

$$\sqrt[5]{31}=\sqrt[5]{32-1}=\sqrt[5]{32\left(1-\frac{1}{32}\right)}=\sqrt[5]{32} \cdot \sqrt[5]{\left(1-\frac{1}{32}\right)}$$

因此可取 $x=-\frac{1}{32}$，$n=5$，然后将其代入近似公式$\sqrt[n]{1+x} \approx 1+\frac{x}{n}$，得

$$\sqrt[5]{31}=\sqrt[5]{32} \cdot \sqrt[5]{\left(1-\frac{1}{32}\right)} \approx 2 \times\left[1+\frac{1}{5} \times\left(-\frac{1}{32}\right)\right]=2-\frac{1}{80}=1.9875$$

这是$\sqrt[n]{A(1+x)}$的形式，其中$\sqrt[n]{A}$容易求出且$|x|$很小，这时就需要采用类似上面的方法来求解。

习　题　三

1. 求下列函数的导数：

(1) $y=x^5$；　(2) $y=\sqrt[3]{x}$；　(3) $y=x\sqrt{x}$；

(4) $y=\frac{1}{x^3}$；　(5) $y=\frac{1}{\sqrt{x}}$；　(6) $y=\frac{1}{x\sqrt{x}}$。

2. 求曲线在指定点处的切线方程和法线方程：

(1) $y=x^3$，(2，8)；　(2) $y=\frac{1}{x}$，(1，1)；　(3) $y=\ln x$，(1，0)。

3. 求下列函数的导数：

(1) $y=x^5+9x^3+5$；　(2) $y=2\sin x-3e^x$；　(3) $y=2\sqrt{x}-3\ln x$；

(4) $y=x^2+\tan x$；　(5) $y=\tan x-2e^x$；　(6) $y=x^{10}+10^x$。

4. 求下列函数的导数：

(1) $y=x^2\sin x$；　(2) $y=x^2 e^x$；　(3) $y=e^x\cos x$；

(4) $y=e^x(x^2+3x+1)$；　(5) $y=2x\ln x$；　(6) $y=\dfrac{x-1}{x+1}$；

(7) $y=\dfrac{x^5}{x^3-2}$；　(8) $y=\dfrac{\cos x}{x^2}$；　(9) $y=\dfrac{e^x}{\ln x}$。

5. 求下列函数的导数：

(1) $y=(3x+1)^5$；　(2) $y=e^{-x^2}$；　(3) $y=\ln\sin x$；

(4) $y=\sqrt{1+x^3}$；　(5) $y=e^{\tan x}$；　(6) $y=\sin e^x$。

6. 求下列函数在给定点处的导数值：

(1) $y=x^3+\sin x$，求$y'\big|_{x=0}$和$y'\big|_{x=\frac{\pi}{2}}$；

(2) $f(x)=\ln(1+x^2)$，求 $f'(1)$。

7. 求下列函数的 n 阶导数：

(1) $y=x^n+x^{n-1}+x^{n-2}+\cdots+x+1$；　(2) $y=\ln x$。

8. 求下列函数的二阶导数：

(1) $y=x^3$；　(2) $y=\sin x$；　(3) $y=x\cos x$；

(4) $y=(2x+1)^3$；　(5) $y=\ln(1-x^2)$；　(6) $y=\sin^2 x$。

9. 求由下列方程所确定的隐函数的导数：

(1) $x^2+y^2=8$；　(2) $y^2-2xy+9=0$；

(3) $xy-\ln y=2$；　(4) $e^y-\sin y+\cos x=1$。

10. 求由下列参数方程所确定的函数的导数$\dfrac{dy}{dx}$：

(1) $\begin{cases}x=3t\\ y=2t-5t^2\end{cases}$；　(2) $\begin{cases}x=3e^{-t}\\ y=2e^t\end{cases}$；　(3) $\begin{cases}x=\dfrac{1}{1+t}\\ y=\dfrac{t}{1+t}\end{cases}$。

11. 求下列函数的微分：

(1) $y=x^7$；　(2) $y=\sin x+\cos x$；　(3) $y=x\sin x$；

(4) $y=\dfrac{x^2}{e^x}$；　(5) $y=\ln(1+x)$；　(6) $y=\cos 6x$。

12. 计算下列各式的近似值：

(1) $\cos 31°$；　(2) $\sqrt[3]{0.994}$；　(3) $\sqrt[6]{65}$。

第四章　导数的应用

导数作为函数的变化率，在自然界、工程技术及社会科学领域已经得到了广泛的应用。本章介绍利用导数求极限的洛必达法则，并利用导数来研究函数及曲线的某些性态以及经济中的一些问题。

第一节　洛必达法则

若当 $x\to a$(或 $x\to\infty$)时，函数 $f(x)$ 与 $g(x)$ 都趋于零或都趋于无穷大，则比式 $\dfrac{f(x)}{g(x)}$ 的极限可能存在，也可能不存在，通常把这种极限称为未定式，简记为 $\dfrac{0}{0}$ 型或 $\dfrac{\infty}{\infty}$ 型。第二章中讨论过其中几种特定的类型，下面介绍一种求这类极限的简便且重要的方法。

一、洛必达法则Ⅰ $\left(\dfrac{0}{0}\text{型}\right)$

定理 4－1　设

(1) 当 $x\to a$(或 $x\to\infty$)时，函数 $f(x)$ 与 $g(x)$ 都趋于零，即

$$\lim_{\substack{x\to a\\(x\to\infty)}} f(x)=\lim_{\substack{x\to a\\(x\to\infty)}} g(x)=0$$

(2) 在点 a 的附近(或当 $|x|>N$ 时)，$f'(x)$ 与 $g'(x)$ 都存在且 $g'(x)\neq0$；

(3) $\lim\limits_{\substack{x\to a\\(x\to\infty)}}\dfrac{f'(x)}{g'(x)}$ 存在(或为无穷大)，

则

$$\lim_{\substack{x\to a\\(x\to\infty)}}\frac{f(x)}{g(x)}=\lim_{\substack{x\to a\\(x\to\infty)}}\frac{f'(x)}{g'(x)}$$

这种在一定条件下，通过分子、分母分别求导再求极限来确定未定式的值的方法称为洛必达(L'Hospital)法则。

如果 $\lim\limits_{\substack{x\to a\\(x\to\infty)}}\dfrac{f'(x)}{g'(x)}$ 仍为 $\dfrac{0}{0}$ 型未定式，且 $f'(x)$ 与 $g'(x)$ 满足洛必达法则中的条件，则可继续使用该法则，即

$$\lim_{\substack{x\to a\\(x\to\infty)}}\frac{f(x)}{g(x)}=\lim_{\substack{x\to a\\(x\to\infty)}}\frac{f'(x)}{g'(x)}=\lim_{\substack{x\to a\\(x\to\infty)}}\frac{f''(x)}{g''(x)}$$

且可以以此类推。

例 4-1 求$\lim\limits_{x\to 1}\dfrac{x^3-1}{x-1}$ 。

解 $\lim\limits_{x\to 1}\dfrac{x^3-1}{x-1}=\lim\limits_{x\to 1}\dfrac{(x^3-1)'}{(x-1)'}=\lim\limits_{x\to 1}\dfrac{3x^2}{1}=3$

例 4-2 求$\lim\limits_{x\to \pi}\dfrac{\sin x}{\pi^2-x^2}$。

解 $\lim\limits_{x\to \pi}\dfrac{\sin x}{\pi^2-x^2}=\lim\limits_{x\to \pi}\dfrac{(\sin x)'}{(\pi^2-x^2)'}=\lim\limits_{x\to \pi}\dfrac{\cos x}{-2x}=\dfrac{1}{2\pi}$

例 4-3 求$\lim\limits_{x\to 1}\dfrac{x^3-3x+2}{x^3-x^2-x+1}$。

解 $\lim\limits_{x\to 1}\dfrac{x^3-3x+2}{x^3-x^2-x+1}=\lim\limits_{x\to 1}\dfrac{3x^2-3}{3x^2-2x-1}=\lim\limits_{x\to 1}\dfrac{6x}{6x-2}=\dfrac{3}{2}$

在反复应用洛必达法则的过程中，要注意所求极限是不是未定式，如例4-3中$\lim\limits_{x\to 1}\dfrac{6x}{6x-2}$已不是未定式，故不可再使用该法则。

例 4-4 求$\lim\limits_{x\to 0}\dfrac{1-\cos^2 x}{x(1-e^x)}$。

解 先通过分解因式、利用等价无穷小替换原则将极限变形，再使用洛必达法则。由于当$x\to 0$时，$e^x-1\sim x$，$1-\cos x\sim\dfrac{x^2}{2}$，因此

$$\lim_{x\to 0}\frac{1-\cos^2 x}{x(1-e^x)}=\lim_{x\to 0}\frac{(1+\cos x)(1-\cos x)}{-x\cdot(e^x-1)}=\lim_{x\to 0}\frac{(1+\cos x)\cdot\dfrac{x^2}{2}}{-x\cdot x}=-1$$

例 4-5 求$\lim\limits_{x\to 0}\dfrac{x-\sin x}{x\sin^2 x}$。

解 当$x\to 0$时，$\sin x\sim x$，$1-\cos x\sim\dfrac{x^2}{2}$，因此

$$\lim_{x\to 0}\frac{x-\sin x}{x\sin^2 x}=\lim_{x\to 0}\frac{x-\sin x}{x^3}=\lim_{x\to 0}\frac{1-\cos x}{3x^2}=\lim_{x\to 0}\frac{\dfrac{x^2}{2}}{3x^2}=\frac{1}{6}$$

由上述两例可见，应用洛必达法则时，结合等价无穷小替换原则一起使用可以简化计算。

二、洛必达法则Ⅱ$\left(\dfrac{\infty}{\infty}\text{型}\right)$

对于$\dfrac{\infty}{\infty}$型未定式也有相应的洛必达法则。

定理 4－2 设

（1）当 $x \to a$（或 $x \to \infty$）时，函数 $f(x)$ 与 $g(x)$ 都趋于无穷大，即

$$\lim_{\substack{x\to a\\(x\to\infty)}} f(x) = \lim_{\substack{x\to a\\(x\to\infty)}} g(x) = \infty$$

（2）在点 a 的附近（或当 $|x|>N$ 时），$f'(x)$ 与 $g'(x)$ 都存在且 $g'(x)\neq 0$；

（3）$\lim\limits_{\substack{x\to a\\(x\to\infty)}} \dfrac{f'(x)}{g'(x)}$ 存在（或为无穷大），

则

$$\lim_{\substack{x\to a\\(x\to\infty)}} \frac{f(x)}{g(x)} = \lim_{\substack{x\to a\\(x\to\infty)}} \frac{f'(x)}{g'(x)}$$

例 4－6 求 $\lim\limits_{x\to+\infty}\dfrac{\ln x}{x^3}$。

解 $\lim\limits_{x\to+\infty}\dfrac{\ln x}{x^3}=\lim\limits_{x\to+\infty}\dfrac{\frac{1}{x}}{3x^2}=\lim\limits_{x\to+\infty}\dfrac{1}{3x^3}=0$

例 4－7 求 $\lim\limits_{x\to+\infty}\dfrac{e^x}{x^3}$。

解 $\lim\limits_{x\to+\infty}\dfrac{e^x}{x^3}=\lim\limits_{x\to+\infty}\dfrac{e^x}{3x^2}=\lim\limits_{x\to+\infty}\dfrac{e^x}{6x}=\lim\limits_{x\to+\infty}\dfrac{e^x}{6}=\infty$

三、其他类型的未定式

未定式除前面讨论的两种基本类型外，还有 $0\cdot\infty$ 型、$\infty-\infty$ 型、1^∞ 型、∞^0 型、0^0 型等类型，它们都可以先化为 $\dfrac{0}{0}$ 型或 $\dfrac{\infty}{\infty}$ 型两种基本类型后，再运用洛必达法则来计算。下面举例说明。

例 4－8 求 $\lim\limits_{x\to0^+}x^2\ln x$。

解 $\lim\limits_{x\to0^+}x^2\ln x=\lim\limits_{x\to0^+}\dfrac{\ln x}{x^{-2}}=\lim\limits_{x\to0^+}\dfrac{\frac{1}{x}}{-2x^{-3}}=\lim\limits_{x\to0^+}\dfrac{x^2}{-2}=0$

例 4－9 求 $\lim\limits_{x\to0}\left(\dfrac{1}{\sin x}-\dfrac{1}{x}\right)$。

解 $\lim\limits_{x\to0}\left(\dfrac{1}{\sin x}-\dfrac{1}{x}\right)=\lim\limits_{x\to0}\dfrac{x-\sin x}{x\sin x}$

$$=\lim_{x\to0}\frac{x-\sin x}{x^2}=\lim_{x\to0}\frac{1-\cos x}{2x}=\lim_{x\to0}\frac{\frac{x^2}{2}}{2x}=0$$

例 4－10 求 $\lim\limits_{x\to0^+}x^x$。

解 因为

$$\lim_{x\to 0^+} x^x = \lim_{x\to 0^+} e^{x\ln x} = e^{\lim\limits_{x\to 0^+} x\ln x}$$

而

$$\lim_{x\to 0^+} x\ln x = \lim_{x\to 0^+} \frac{\ln x}{x^{-1}} = \lim_{x\to 0^+} \frac{\frac{1}{x}}{-x^{-2}} = \lim_{x\to 0^+}(-x) = 0$$

所以

$$\lim_{x\to 0^+} x^x = e^0 = 1$$

需要注意的是，洛必达法则只在 $\lim\limits_{\substack{x\to a\\(x\to\infty)}} \frac{f'(x)}{g'(x)}$ 存在(或为无穷大)时适用，如果 $\lim\limits_{\substack{x\to a\\(x\to\infty)}} \frac{f'(x)}{g'(x)}$ 不存在，$\lim\limits_{\substack{x\to a\\(x\to\infty)}} \frac{f(x)}{g(x)}$ 仍然可能存在，此时洛必达法则失效，改用其他方法计算。

例 4-11 求 $\lim\limits_{x\to\infty} \frac{x-\sin x}{x}$。

解 此时若分子、分母分别求导会得到

$$\lim_{x\to\infty} \frac{1-\cos x}{1}$$

而此极限不存在，显然洛必达法则不适用。事实上

$$\lim_{x\to\infty} \frac{x-\sin x}{x} = \lim_{x\to\infty}\left(1-\frac{\sin x}{x}\right) = 1-\lim_{x\to\infty} \frac{\sin x}{x} = 1-0 = 1$$

第二节 函数的单调性、极值

函数是描述客观世界变化规律的重要数学模型，研究函数的单调性及增减的快与慢是非常重要的，通过这些可以了解函数的变化规律。下面我们利用导数研究函数的性质，从中体会导数在研究函数中的作用。

一、函数单调性的判定

第一章中已经介绍了函数单调性的概念，但是直接利用定义来判定单调性很不方便，下面我们利用导数来对函数单调性进行研究。

由图 4-1 可知，单调增加的函数如图(a)、(b)，曲线上各点处切线倾角均为锐角，从而各点处函数的导数均为正值；相对而言，单调减少的函数如图(c)、(d)，曲线上各点处切线倾角均为钝角，从而各点处函数的导数均为负值。

因此，函数的单调性与导数的正负有关。

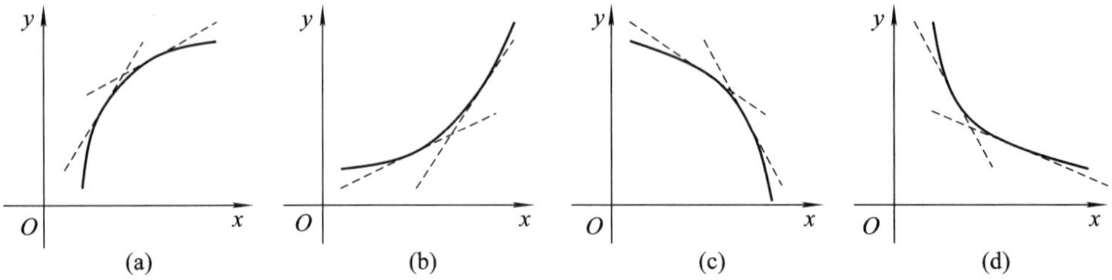

图 4-1

定理 4-3 设函数 $y=f(x)$在区间 I 内可导，则

(1) 函数 $y=f(x)$在区间 I 上单调增加的充要条件是在区间 I 上 $f'(x)\geqslant 0$（等号成立的点不连续）；

(2) 函数 $y=f(x)$在区间 I 上单调减少的充要条件是在区间 I 上 $f'(x)\leqslant 0$（等号成立的点不连续）。

例 4-12 判定函数 $y=x-\cos x$ 在$[0, 2\pi]$上的单调性。

解 因为在$(0, 2\pi)$上，$y'=(x-\cos x)'=1+\sin x\geqslant 0$，且等号仅在 $x=\dfrac{3\pi}{2}$ 处成立，所以函数 $y=x-\cos x$ 在$[0, 2\pi]$上单调增加。

例 4-13 讨论函数 $y=3x-x^3$ 的单调性。

解 函数 $y=3x-x^3$ 的定义域为$(-\infty, +\infty)$，而

$$y'=(3x-x^3)'=3-3x^2=3(1+x)(1-x)$$

由此可得，当 $x\in(-\infty, -1)\cup(1, +\infty)$时，$y'<0$，函数单调减少；当 $x\in(-1, 1)$时，$y'>0$，函数单调增加。

我们也可以更简捷地将上述讨论过程及结论用表格的形式来表示，见表 4-1。

表 4-1

x	$(-\infty, -1)$	$(-1, 1)$	$(1, +\infty)$
y'	$-$	$+$	$-$
y	↘	↗	↘

可见，函数 $y=3x-x^3$ 在其定义域$(-\infty, +\infty)$内不是单调的，但是在其部分区间上具有单调性，我们把区间$(-1, 1)$称为该函数的单调增区间，把区间$(-\infty, -1)$和$(1, +\infty)$称为该函数的单调减区间，二者统称为单调区间。

我们注意到，在例 4-13 中点 $x=1$ 和 $x=-1$ 是该函数单调区间的分界点，此时该点处函数的导数等于 0。

定义 4－1 使得 $f'(x)=0$ 的点称为函数 $f(x)$ 的驻点。

显然，$x=1$ 和 $x=-1$ 是函数 $y=3x-x^3$ 的驻点。

例 4－14 讨论函数 $y=x^3$ 的单调性。

解 令 $y'=3x^2=0$，得驻点 $x=0$。由于在定义域$(-\infty, +\infty)$内 $y'\geqslant 0$，且仅在 $x=0$ 处 $y'=0$，因此函数 $y=x^3$ 在$(-\infty, +\infty)$内单调增加。

例 4－14 中函数的驻点并不是单调区间的分界点。对于可导函数来说，单调区间的分界点一定是函数的驻点，而驻点不一定是单调区间的分界点。

例 4－15 讨论函数 $y=x^{\frac{2}{3}}$ 的单调性。

解 函数 $y=x^{\frac{2}{3}}$ 的定义域为$(-\infty, +\infty)$，当 $x\neq 0$ 时，$y'=\dfrac{2}{3}x^{-\frac{1}{3}}$；当$x=0$ 时，y'不存在，用 $x=0$ 划分定义域$(-\infty, +\infty)$，列表讨论如下：

x	$(-\infty, 0)$	$(0, +\infty)$
y'	$-$	$+$
y	↘	↗

可见，$x=0$ 是函数 $y=x^{\frac{2}{3}}$ 单调区间的分界点，此时函数的导数 y'是不存在的。

例 4－16 讨论函数 $y=x^{\frac{1}{3}}$ 的单调性。

解 函数 $y=x^{\frac{1}{3}}$ 的定义域为$(-\infty, +\infty)$，当 $x\neq 0$ 时，$y'=\dfrac{1}{3}x^{-\frac{2}{3}}$；当 $x=0$ 时，y'不存在。但是由于 $y'>0$，因此函数 $y=x^{\frac{1}{3}}$ 在$(-\infty, +\infty)$内单调增加。

在例 4－16 中，函数的不可导点不是单调区间的分界点。

综上两例可以看出，对于只在个别点处不可导的函数来说，单调区间的分界点一定是函数的不可导点；而函数的不可导点不一定是函数单调区间的分界点。

总之，函数单调区间的分界点一定是该函数的驻点或不可导点，反之不一定。

二、函数的极值

由于在函数单调区间的分界点的两侧附近函数的单调性是不同的，因此分界点处的函数值会成为一个局部范围内的最大值或最小值。

定义 4－2 设函数 $y=f(x)$ 在区间 I 上有定义，若对于点 x_0 的附近某范围内的 x，均有 $f(x)<f(x_0)$（或 $f(x)>f(x_0)$），则称 $f(x_0)$ 是函数 $f(x)$ 的一个极大值（或极小值），称点 x_0 是函数 $f(x)$ 的一个极大值点（或极小值点）。

极大值和极小值统称为极值；极大值点、极小值点统称为极值点。

设函数 $y=f(x)$ $(x\in[a, b])$，如图 4－2 所示，显然函数 $f(x)$ 有两个极大

值 $f(x_3)$和 $f(x_5)$，有两个极小值 $f(x_1)$和 $f(x_4)$。

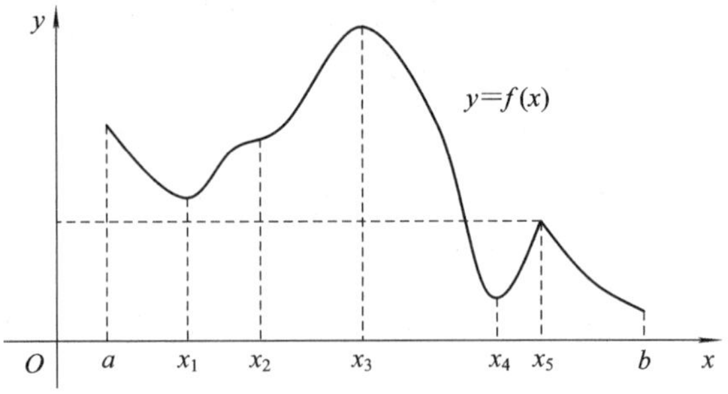

图 4-2

极值是一个局部性的概念。极值不一定是其定义区间上的最值，极值之间没有必然的大小关系，如图 4-2 中，极小值 $f(x_1)$比极大值 $f(x_5)$还要大。

由于函数的极值产生于单调区间的分界点处，因此可得函数取得极值的必要条件和充分条件。

定理 4-4(极值存在的必要条件) 设函数 $f(x)$在点 x_0 处取得极值，那么点 x_0 一定是函数的驻点或不可导点。

我们通常把驻点、不可导点称为函数的可能极值点。

定理 4-5(极值存在的第一充分条件) 设函数 $f(x)$在点 x_0 附近可导，而在点 x_0 处满足 $f'(x_0)=0$ 或 $f'(x_0)$不存在。

(1) 若在 x_0 左侧附近点 x 的导数 $f'(x)>0$，在 x_0 右侧附近点 x 的导数 $f'(x)<0$，则函数 $f(x)$在点 x_0 处取得极大值 $f(x_0)$；

(2) 若在 x_0 左侧附近点 x 的导数 $f'(x)<0$，在 x_0 右侧附近点 x 的导数 $f'(x)>0$，则函数 $f(x)$在点 x_0 处取得极小值 $f(x_0)$；

(3) 若在 x_0 左、右两侧附近点 x 的导数 $f'(x)$符号一致，则函数 $f(x)$在点 x_0 处没有极值。

例 4-17 讨论函数 $y=\frac{1}{5}x^5-\frac{1}{3}x^3$ 的单调性并求极值。

解 所给函数的定义域为$(-\infty, +\infty)$。令 $y'=x^4-x^2=x^2(x^2-1)=0$，得驻点

$$x_1=-1,\quad x_2=0,\quad x_3=1$$

用这三个驻点划分定义域$(-\infty, +\infty)$，列表讨论如下：

x	$(-\infty, -1)$	-1	$(-1, 0)$	0	$(0, 1)$	1	$(1, +\infty)$
y'	+	0	−	0	−	0	+
y	↗	极大值 $\frac{2}{15}$	↘	非极值 0	↘	极小值 $-\frac{2}{15}$	↗

例 4-18 求函数 $f(x)=(x-1)x^{\frac{2}{3}}$ 的极值。

解 所给函数的定义域为$(-\infty, +\infty)$。令 $f'(x)=\dfrac{5x-2}{3\cdot\sqrt[3]{x}}=0\ (x\neq 0)$，得驻点 $x=\dfrac{2}{5}$；在 $x=0$ 处 $f'(x)$不存在。

用点 $x=0$ 和 $x=\dfrac{2}{5}$划分定义域$(-\infty, +\infty)$，列表讨论如下：

x	$(-\infty, 0)$	0	$\left(0, \dfrac{2}{5}\right)$	$\dfrac{2}{5}$	$\left(\dfrac{2}{5}, +\infty\right)$
$f'(x)$	$+$	不存在	$-$	0	$+$
$f(x)$	↗	极大值 0	↘	极小值 $-\dfrac{3}{5}\sqrt[3]{\dfrac{4}{25}}$	↗

如果函数在驻点处的二阶导数存在，我们还可以用下述定理来判断极值。

定理 4-6(极值存在的第二充分条件) 设函数 $f(x)$在点 x_0 处使得 $f'(x_0)=0$，且 $f''(x_0)$存在，则

(1) 当 $f''(x_0)<0$ 时，函数 $f(x)$在点 x_0 处取得极大值；

(2) 当 $f''(x_0)>0$ 时，函数 $f(x)$在点 x_0 处取得极小值；

(3) 当 $f''(x_0)=0$ 时，无法判断。

例 4-19 求函数 $f(x)=x^3-3x^2-9x+1$ 的极值。

解 令 $f'(x)=3x^2-6x-9=3(x+1)(x-3)=0$，得 $x_1=-1$，$x_2=3$，又

$$f''(x)=6x-6=6(x-1)$$

由 $f''(-1)=-12<0$ 知，$f(x)$在 $x=-1$ 处取得极大值，$f(-1)=6$；由 $f''(3)=12>0$ 知，$f(x)$在 $x=3$ 处取得极小值，$f(3)=-26$。

第三节 函数的最值与曲线的拐点

一、函数的最值

极值反映的是函数在某一点附近的局部性质，而最值描述的是函数的整体性质。

如果 x_0 是函数 $y=f(x)$的极大(小)值点，那么在点 x_0 附近找不到比$f(x_0)$更大(小)的值。但在解决实际问题或研究函数的性质时，我们更关心函数在某个区间上，哪个值最大，哪个值最小。

如果 x_0 是函数的最大(小)值点，那么 $f(x_0)$不小(大)于函数 $y=f(x)$在相应区间上的所有函数值。假设函数 $y=f(x)$如图 4－2 所示，显而易见在$[a, b]$上 $f(x_3)$就是最大值，$f(b)$就是最小值。函数的最大值与最小值统称为最值。

由闭区间上连续函数的性质可知，连续函数 $y=f(x)$在$[a, b]$上一定有最大值和最小值。此时，函数 $f(x)$的最值只在极值点处或端点处取得，因此只需比较这些点处的函数值即可，其中最大的是 $f(x)$的最大值，最小的是 $f(x)$的最小值。

求函数 $f(x)$在$[a, b]$上的最大值与最小值的步骤如下：

(1) 求 $f(x)$在(a, b)内的驻点和不可导点；

(2) 将 $f(x)$的各驻点和不可导点的函数值与端点处的函数值 $f(a)$、$f(b)$进行比较，其中最大的一个是最大值，最小的一个是最小值，得出函数 $f(x)$在$[a, b]$上的最值。

例 4－20 求函数 $f(x)=x^3-3x^2-9x+1$，$x\in[-2, 4]$的最值。

解 由例 4－19 可知 $f(x)$的驻点为 $x_1=-1$，$x_2=3$。比较

$$f(-2)=-1,\quad f(-1)=6,\quad f(3)=-26,\quad f(4)=-19$$

可得：该函数的最大值为 $f(-1)=6$，最小值为 $f(3)=-26$。

函数“最值”与“极值”的区别和联系：

(1)“最值”是整体概念，是比较整个定义域内的函数值得出的，具有绝对性；而“极值”是局部概念，是比较极值点附近的函数值得出的，具有相对性。

(2) 函数在其定义区间上的最大值、最小值最多各有一个，而函数的极值可能不止一个，也可能没有。

(3) 极值只能在定义域内部取得，而最值可以在区间的端点处取得。

生活中经常遇到求利润最大、用料最省、效率最高等问题，这些问题通常称为优化问题。此类问题在数学上往往可归结为求某一函数(通常称为目标函数)的最大值或最小值问题。

导数是求函数最大(小)值的有力工具，我们可以利用导数解决一些生活中的优化问题。解决优化问题的核心是建立目标函数，再通过研究相应函数的性质提出优化方案，使问题得以解决。在大量的实际问题的解决过程中，我们发现若函数只有一个驻点，则该驻点处的函数值就是所求的最值。

例 4－21 将一块边长为 $a(a>0)$的正方形板材四角各截去一个相同的小正方形，折起四边后做一个无盖的方盒，问截多少可使方盒的容积最大？

解 设截去的正方形边长为 x(见图 4－3)，则盒子的容积为

$$V=(a-2x)^2\cdot x,\quad x\in\left(0, \frac{a}{2}\right)$$

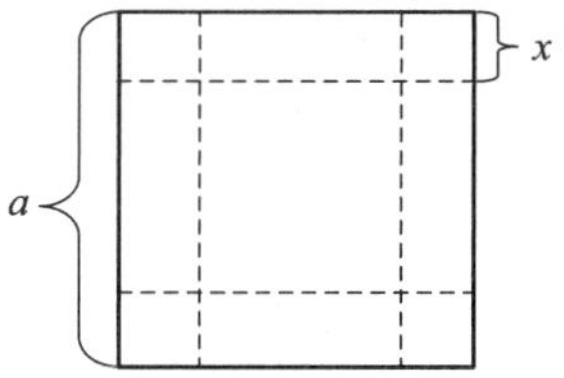

图 4-3

令 $V'=(a-2x)(a-6x)=0$，得

$$x=\frac{a}{6},\quad x=\frac{a}{2}\text{（舍去）}$$

由实际意义可知该问题的最大值存在，由于驻点唯一，因此，当 $x=\frac{a}{6}$时，容积取得最大值。

例 4-22 现欲围建一个面积为 150 平方米的矩形场地，正面所用材料每米造价 40 元，其余三面所用材料每米造价 20 元，问场地的长、宽各是多少时，才能使所用材料费用最少？

解 设矩形场地的正面长为 x 米，另外一边长为 y 米，则由矩形场地的面积为 $xy=150$ 得

$$y=\frac{150}{x}$$

故所用材料费用为

$$f(x)=40x+20(2y+x)=60\left(x+\frac{100}{x}\right),\quad x\in(0,+\infty)$$

从而

$$f'(x)=60\left(1-\frac{100}{x^2}\right)$$

令 $f'(x)=0$，可得驻点

$$x=10,\quad x=-10\text{（舍去）}$$

因此，当场地的正面长为 10 米、另外一边长为 15 米时，所用材料费用最少。

例 4-23 某房地产公司有 50 套公寓要出租，当租金定为每月 1800 元时，公寓会全部租出去。当租金每月增加 100 元时，就有一套公寓租不出去，而租出去的房子每月需花费 200 元的整修维护费。试问房租定为多少可获得最大收入？

解 设房租为每月 x 元，租出去的房子有 $50-\left(\frac{x-1800}{100}\right)$套，则每月总收入为

$$R(x)=(x-200)\left(50-\frac{x-1800}{100}\right)=(x-200)\left(68-\frac{x}{100}\right)\quad(x>0)$$

从而

$$R'(x)=\left(68-\frac{x}{100}\right)+(x-200)\left(-\frac{1}{100}\right)=70-\frac{x}{50}$$

令 $R'(x)=0$，解得

$$x=3500$$

故每月每套租金为 3500 元时收入最高，最大收入为 $R(3500)=108\ 900$(元)。

二、曲线的凹凸性与拐点

当我们确定了函数的单调性后，是否就完全明确了函数的变化规律呢？如图4-4 中两条曲线弧$\overset{\frown}{ACB}$及$\overset{\frown}{ADB}$，其单调性相同，但弯曲方向却并不相同，在数学上我们用曲线的凹凸性来加以描述。

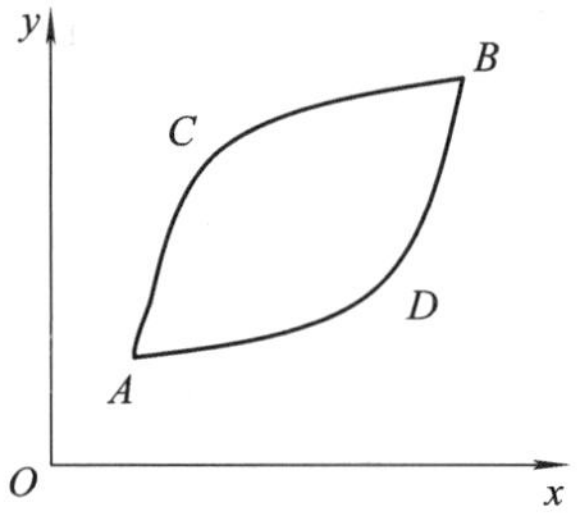

图 4-4

设函数 $y=f(x)$在区间 I 上有定义，除端点以外，各点均有切线，若曲线弧位于任一切线的上方，则称曲线 $y=f(x)$在区间 I 上是凹的(或凹弧，简记为$\cup$)，见图 4-5(a)；若曲线弧位于任一切线的下方，则称曲线 $y=f(x)$在区间 I 上是凸的(或凸弧，简记为$\cap$)，见图 4-5(b)。

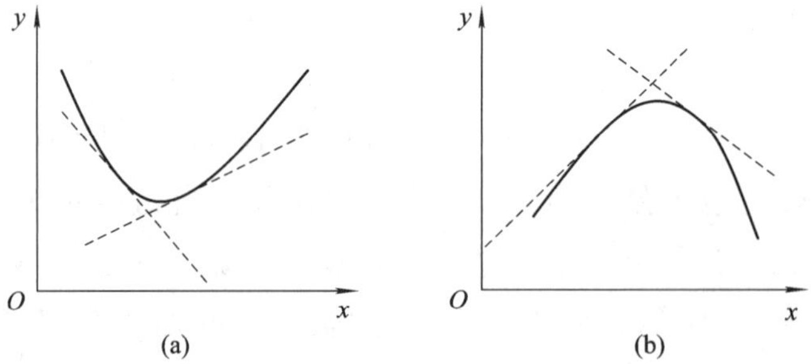

图 4-5

由图 4-5 可以看出，凹弧上各点处的切线斜率随 x 的增大而增大，即 $f'(x)$单调增加；而凸弧上各点处的切线斜率随 x 的增大而减小，即 $f'(x)$单调减少。可以证明其反之也成立，再利用第二节单调性的判别法便可得到下述判定曲线凹凸性的定理。

定理 4-7 设函数 $y=f(x)$在区间 I 上有定义且具有二阶导数，那么

(1) 曲线 $y=f(x)$在区间 I 上是凹弧的充要条件是 $f''(x)\geqslant 0$(等号成立的点不连续)；

(2) 曲线 $y=f(x)$在区间 I 上是凸弧的充要条件是 $f''(x)\leqslant 0$(等号成立的点不连续)。

例 4-24 判定曲线 $y=x^3$ 的凹凸性。

解 $y'=3x^2$，$y''=6x$，由于 x 的取值不同，y''的符号不同，列表讨论如下：

x	$(-\infty, 0)$	$(0, +\infty)$
y''	$-$	$+$
y	$\cap$	$\cup$

可见，曲线 $y=x^3$ 在部分区间上是凹弧，在部分区间上是凸弧，二者的分界点是点(0，0)，在该点处自变量的值使得 $y''=0$。

定义 4-3 曲线上凹弧与凸弧的分界点称为曲线的拐点。

例 4-25 判定曲线 $y=x^4$ 的凹凸性及拐点。

解 $y'=4x^3$，$y''=12x^2$，由于 $y''\geqslant 0$，因此曲线 $y=x^4$ 是凹弧，无拐点。

由此可见，若 y''存在，则在拐点处自变量的值使得 $y''=0$；反之则不一定，或者说使得 $y''=0$ 的点有可能对应着曲线的拐点。

例 4-26 确定曲线 $y=x^{\frac{1}{3}}$的拐点。

解 函数 $y=x^{\frac{1}{3}}$ 的定义域为$(-\infty, +\infty)$。当 $x\neq 0$ 时，$y'=\dfrac{1}{3}x^{-\frac{2}{3}}$，$y''=-\dfrac{2}{9}x^{-\frac{5}{3}}$，列表讨论如下：

x	$(-\infty, 0)$	$(0, +\infty)$
y''	$+$	$-$
y	$\cup$	$\cap$

由表可知点(0，0)就是曲线 $y=x^{\frac{1}{3}}$的拐点，而在该点处，y''不存在。

例 4-27 确定曲线 $y=x^{\frac{2}{3}}$的拐点。

解 函数 $y=x^{\frac{2}{3}}$ 的定义域为$(-\infty, +\infty)$。当 $x\neq 0$ 时，$y'=\dfrac{2}{3}x^{-\frac{1}{3}}$，$y''=-\dfrac{2}{9}x^{-\frac{4}{3}}$，因为 $y''=-\dfrac{2}{9}x^{-\frac{4}{3}}<0$，故曲线 $y=x^{\frac{2}{3}}$是凸弧，无拐点。

综上，曲线的拐点产生于横坐标使 $y''=0$ 或 y''不存在的点，但这两种点是

不是对应曲线的拐点，还要视该点两侧曲线的凹凸性而定，凹凸性不同时，才对应着曲线的拐点。

例 4-28 判断曲线 $y=x^4-4x^3+6$ 的凹凸性并求拐点。

解 函数 $y=x^4-4x^3+6$ 的定义域为 $(-\infty, +\infty)$，又

$$y' = 4x^3 - 12x^2, \quad y'' = 12x^2 - 24x = 12x(x-2)$$

令 $y''=0$，可得 $x_1=0$，$x_2=2$。用 $x_1=0$ 和 $x_2=2$ 将定义域分成三个区间，列表讨论如下：

x	$(-\infty, 0)$	0	$(0, 2)$	2	$(2, +\infty)$
y''	+	0	−	0	+
y	$\cup$	拐点 $(0, 6)$	$\cap$	拐点 $(2, -10)$	$\cup$

例 4-29 判断曲线 $y=(x-1)\sqrt[3]{x^2}$ 的凹凸性并求拐点。

解 函数 $y=(x-1)\sqrt[3]{x^2}$ 的定义域为 $(-\infty, +\infty)$。当 $x\neq 0$ 时，

$$y' = \frac{5}{3}x^{\frac{2}{3}} - \frac{2}{3}x^{-\frac{1}{3}}, \quad y'' = \frac{10}{9}x^{-\frac{1}{3}} + \frac{2}{9}x^{-\frac{4}{3}} = \frac{2(5x+1)}{9x\sqrt[3]{x}}$$

令 $y''=0$，可得 $x=-\frac{1}{5}$。因为 $x=0$ 时二阶导数不存在，所以用 $x=-\frac{1}{5}$ 和 $x=0$ 将定义域分成三个区间，列表讨论如下：

x	$\left(-\infty, -\frac{1}{5}\right)$	$-\frac{1}{5}$	$\left(-\frac{1}{5}, 0\right)$	0	$(0, +\infty)$
y''	−	0	+	不存在	+
y	$\cap$	拐点 $\left(-\frac{1}{5}, -\frac{6}{5}\sqrt[3]{\frac{1}{25}}\right)$	$\cup$	无拐点	$\cup$

第四节　导数的经济应用

随着市场经济的不断发展，利用数学知识解决经济问题显得越来越重要，而导数是经济数学中的重要概念，是经济分析的重要工具。利用导数可以对经济活动中的实际问题进行边际分析、最值分析，从而为企业经营者科学决策提供量化依据。因此，当今国内外的经济学者越来越多地应用数学知识，使经济分析走向定量化、精密化和准确化。

一、经济问题中常见的数学模型

为了解决经济问题，先要把经济问题转化成数学问题，即建立函数关系式或者称为建立数学模型。首先需要明确经济问题中的因变量与自变量，再根据题意建立等式，从而得出函数关系，然后确定函数定义域。经济问题中函数的定义域，除了函数解析式外，还要考虑其在实际问题中的意义。

要理解或解释经济现象，应该知道需求、供给、成本、收益、利润等经济量以及它们之间的函数关系。

1. 成本函数

产品的总成本是指生产一定数量的产品所需全部经济资源投入(劳动、原料、设备等)的费用总额，一般包含固定成本和可变成本。固定成本包括设备的固定费用和其他管理费用；可变成本是随销售量或有形产量的不同而不同的。一般地，如果设 C 为总成本，C_0 为固定成本，C_1 为可变成本，x 为产量，则成本函数为

$$C = C(x) = C_0 + C_1(x)$$

平均成本表示单位产品成本，平均成本函数为

$$\overline{C}(x) = \frac{C(x)}{x}$$

例 4－30 设某产品的成本 C 为年产量 x 的函数，即 $C(x)=a+bx^2$，其中 a、b 为待定常数。已知固定成本为 400 万元，且当年产量 x 为 100 吨时，成本 C 为 500 万元。由于生产能力的限制，年产量最多为 700 吨。试求产品的成本 C 与年产量 x 的函数关系。

解 由 $C(x)=a+bx^2$，且固定成本为 400 万元，即 $x=0$ 时，得

$$C(0) = a = 400$$

当 $x=100$ 时，总成本 $C=500$，将其代入 $C(x)=400+bx^2$ 中，得

$$C(100) = 400 + b \times 100^2 = 500$$

即

$$b = \frac{1}{100}$$

所以，成本函数为

$$C(x) = 400 + \frac{x^2}{100}$$

因为年产量最多为 700 吨，所以此成本函数的定义域为[0，700]。

2. 需求函数

需求指在一定价格条件下，消费者愿意并且有支付能力购买的商品数量。

消费者对某种商品的需求是由多种因素决定的，其中最主要的因素是商品的价格，另外还有其他因素，如消费者的收入、其他同类商品的价格、消费者的偏好等。如果将该商品价格以外的其他因素都看作是不变的因素，便可以只研究需求与价格的关系。

如果设 p 为商品价格，Q 为需求量，那么 $Q=f(p)$ 称为需求函数。

一般来说，商品价格降低，会导致需求量增大；商品价格升高，会导致需求量减小。因此需求函数 $Q=f(p)$ 是价格的递减函数，这常称为需求律。

需求函数的反函数为 $p=f^{-1}(Q)$，表示价格 p 是需求量 Q 的函数，通常被称为需求函数或价格函数。

3. 供给函数

供给指在一定价格条件下，生产者愿意出售并且有可供出售的商品数量。供给不仅与生产者投入的成本及技术状况有关，而且与生产者对其他商品和劳务价格的预测等因素有关。供给函数是指在其他因素不变的条件下，供给量 Q 与供给商品的价格 p 之间的函数关系，即 $Q=g(p)$。

从供给的特征来看，商品价格降低，生产者不愿生产，使得供给量减少；反之，商品价格升高，使得供给量增多。因此，供给函数 $Q=g(p)$ 是价格的递增函数，这也常常称为供给律。

供给函数的反函数为 $p=g^{-1}(Q)$，表示价格 p 是供给量 Q 的函数，通常被称为供给函数。

当市场上的需求量和供给量相等时，需求关系与供给关系之间达到某种均衡，这时的价格 p_0 和需求量(或供给量) Q_0 分别称为均衡价格和均衡量，而 (p_0, Q_0) 通常称为均衡点(见图 4-6)。

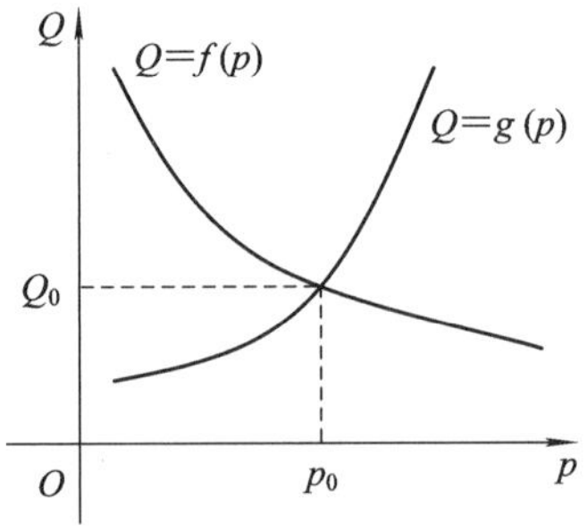

图 4-6

例 4-31(求均衡点问题)　设某商品的需求集和供给集分别为

$$D=\{(p, Q) \mid Q+5p=40\}, \quad S=\{(p, Q) \mid 2Q-15p=-20\}$$

为了找出均衡点 (p_0, Q_0)，需要解方程组

$$\begin{cases} Q + 5p = 40 \\ 2Q - 15p = -20 \end{cases}$$

解得$(p_0, Q_0)=(4, 20)$。

4. 收益函数

收益函数是指生产者出售一定数量产品所得到的全部收益。如果设 R 为总收益，p 为商品价格，x 为销售量，则有

$$R = px$$

例 4-32 某商品的需求函数为价格 $p=10-\frac{x}{5}$的函数，试将收益 R 表示为需求量 x 的函数，并求当销售量为 30 时的总收益。

解 因为 $R=px$，所以

$$R(x) = \left(10 - \frac{x}{5}\right)x = -\frac{1}{5}x^2 + 10x$$

当 $x=30$ 时，

$$R(30) = -\frac{1}{5} \times 30^2 + 10 \times 30 = 120$$

5. 利润函数

在经济学中，收益与成本之差称为利润。当产销平衡(即产量等于销售量)时，利润 L 可表示为产量 x 的函数，即

$$L(x) = R(x) - C(x)$$

例 4-33 某厂生产 x 单位某产品的成本为 C 万元，其中固定成本为 200 万元，每生产一单位产品，成本增加 10 万元(即每一单位的可变成本为 10 万元)。假设该产品的需求函数为 $p=\frac{150-x}{2}$，且产品均可售出，试将该产品的利润 L(万元)表示为产量 x 的函数。

解 因为成本函数为

$$C(x) = C_0 + C_1(x) = 200 + 10x$$

收益函数为

$$R(x) = px = \left(\frac{150 - x}{2}\right)x = 75x - \frac{x^2}{2}$$

所以，利润函数为

$$L(x) = R(x) - C(x) = 65x - \frac{x^2}{2} - 200 \text{ (万元)}$$

二、经济问题中的边际分析

导数是函数关于自变量的变化率，在经济学中，也存在变化率的问题，因

此我们可以把微观经济学中的很多问题归结到数学中来，用导数知识加以研究并解决。

边际是经济学中的一个重要概念，通常指经济变量的变化率，即经济函数的导数称为边际。而利用导数研究经济变量的边际变化的方法，就是边际分析方法。在此我们对经济学中的边际和边际分析问题稍作讨论。

1. 边际成本

设某企业生产某产品的总成本函数为 $C=C(x)$，其中，x 是单位时间内的产量，C 是由产量 x 得到的可变成本与固定成本之和。当产量由 x 增加到 $x+\Delta x$ 时，总成本的增加量为 $\Delta C=C(x+\Delta x)-C(x)$，其总成本的平均增长量为 $\frac{\Delta C}{\Delta x}=\frac{C(x+\Delta x)-C(x)}{\Delta x}$，如果极限 $\lim\limits_{\Delta x\to 0}\frac{\Delta C}{\Delta x}=\lim\limits_{\Delta x\to 0}\frac{C(x+\Delta x)-C(x)}{\Delta x}$ 存在，则称此极限为产量 x 的边际成本，即 $C'(x)$称为边际成本函数。

由边际成本的定义和极限的性质可知，当 Δx 很小时，

$$\frac{C(x+\Delta x)-C(x)}{\Delta x}\approx C'(x)$$

而一般来讲产量 x 的最小变化单位只能为 1，即 $\Delta x=1$，于是

$$C(x+1)-C(x)\approx C'(x)$$

边际成本的经济意义为：在一定产量 x 的基础上，再增加生产一单位产品应增加的总成本，即边际成本为总成本对产量的变化率。

根据边际成本的意义和导数的概念，一般有以下结论：

(1) 边际成本仅与可变成本有关，与固定成本无关。

(2) 设某产品的单价为 p，则若 $C'(x)<p$，企业还可继续增加产量；若 $C'(x)>p$，企业应立即停止增产，要致力于改进产品质量，提高出厂价格或降低生产成本。

2. 边际收益

设某厂产品的总收益函数为 $R=R(x)$，其中 x 是单位时间内的销量，R 是由销量 x 得到的总收益。当销量 x 有增量 Δx 时，其总收入的平均增长量为 $\frac{\Delta R}{\Delta x}=\frac{R(x+\Delta x)-R(x)}{\Delta x}$，如果 $\lim\limits_{\Delta x\to 0}\frac{\Delta R}{\Delta x}=\lim\limits_{\Delta x\to 0}\frac{R(x+\Delta x)-R(x)}{\Delta x}$存在，则称此极限为销量 x 的边际收益，即 $R'(x)$称为边际收益函数。

边际收益的经济意义为：每增加一单位销量在总收益中增加的数量，即边际收益为总收益对销量 x 的变化率。因此 $R(x+1)-R(x)\approx R'(x)$。

3. 边际利润

设 $L(x)$是利润函数，则 $L(x)=R(x)-C(x)$，两边求导，得

$$L'(x) = R'(x) - C'(x)$$

$L'(x)$ 称为边际利润函数。

例 4－34 设某厂每月生产的产品固定成本 $C_0 = 1000$(元)，生产 x 个单位产品的可变成本 $C_1(x) = 0.01x^2 + 10x$(元)，如果每单位产品的售价为 30 元，求总成本函数、总收益函数、总利润函数、边际成本、边际收益及边际利润为零时的产量。

解 总成本为可变成本与固定成本之和，依题设，得总成本函数为

$$C(x) = 0.01x^2 + 10x + 1000$$

总收益函数为

$$R(x) = Px = 30x$$

总利润函数为

$$L(x) = R(x) - C(x) = -0.01x^2 + 20x - 1000$$

边际成本为

$$C'(x) = 0.02x + 10$$

边际收益为

$$R'(x) = 30$$

边际利润为

$$L'(x) = -0.02x + 20$$

令 $L'(x) = 0$，得 $-0.02x + 20 = 0$，$x = 1000$，即当月产量为 1000 个单位时，边际利润为零。

这说明，当月产量为 1000 个单位时，再多生产一个单位产品不会增加利润。

例 4－35 设糕点厂加工生产 A 类糕点的总成本函数和收益函数分别是

$$C(x) = 100 + 2x + 0.02x^2\text{(元)}, \quad R(x) = 7x + 0.01x^2\text{(元)}$$

求：

(1) 边际利润函数及当日产量分别是 200 千克、250 千克和 300 千克时的边际利润，并说明其经济意义；

(2) A 类糕点日产量的最佳生产水平。

解 (1) 由题意，得利润函数为

$$L(x) = R(x) - C(x) = -100 + 5x - 0.01x^2$$

边际利润函数为

$$L'(x) = 5 - 0.02x$$

日产量为 200 千克、250 千克和 300 千克时的边际利润分别是

$$L'(200) = 1\text{ (元)}, \quad L'(250) = 0\text{ (元)}, \quad L'(300) = -1\text{ (元)}$$

其经济意义为：在日产量为 200 千克的基础上，再增产 1 千克，则总利润可增加 1 元；在日产量为 250 千克的基础上，再增产 1 千克，则总利润无增加；在日产量为 300 千克的基础上，再增产 1 千克，则亏损 1 元。

（2）边际收益和边际成本分别是

$$R'(x)=7+0.02x,\quad C'(x)=2+0.04x$$

三、经济问题中的最值分析

经济分析中最多的是成本最小化和利润最大化问题，企业的最终目标是追求利润最大化。利用导数可以解决经济分析中的平均成本的最小化与利润的最大化问题。

1. 产品平均成本的最小化分析

平均成本函数是总成本函数与产量之比。一个企业的产品平均成本如果低于市场平均成本，那么该企业就具备了较好参与市场竞争的前提条件。企业的产品平均成本的高低主要取决于该企业的生产规模与设备的利用率。由此出发产生的问题是：在生产设备一定的条件下，企业生产量(假设产销平衡)为多少时，能使企业生产某种产品的平均成本最小？

例 4－36 某产品的固定成本为 18 万元，可变成本为 $2x^2+5x$ 万元，其中 x 为产量(单位：百台)，求平均成本最低时的产量。

解 成本函数为 $C(x)=2x^2+5x+18$，则平均成本为

$$\overline{C}(x)=\frac{C(x)}{x}=2x+5+\frac{18}{x}$$

求导，得 $\overline{C}'(x)=2-\frac{18}{x^2}$。令 $\overline{C}'(x)=0$，得

$$x=3 \text{ 或 } x=-3 \text{（舍去）}$$

又 $\overline{C}''(x)=\frac{36}{x^3}$，则 $\overline{C}''(3)=\frac{4}{3}>0$，于是 $x=3$ 是唯一的一个极小值点，也就是最小值点。

所以，当产量 $x=3$ 百台时，平均成本最低。

2. 利润的最大化分析

令 $L'(x)=R'(x)-C'(x)=0$，从而得到 $R'(x)=C'(x)$。$L'(x)=0$ 只是取极值的必要条件，若 $L(x)$在此条件下达到最大，应有 $L''(x)=R''(x)-C''(x)<0$。所以，当 $R'(x)=C'(x)$且 $R''(x)<C''(x)$时，利润达到最大，这就是最大利润原则。当然，此问题明显存在最值，在仅有唯一驻点的情况下，也可以做直接判断。

例 4－37 某厂生产某产品，其固定成本为 2000 元，每生产一吨产品的成本为 60 元，设该产品的需求函数 $x=1000-10p$（x 为需求量，p 为价格），求：

（1）总成本函数、总收益函数；

（2）产量为多少吨时，利润最大？

（3）获得最大利润时的价格。

解 （1）成本函数为

$$C(x)=60x+2000$$

由 $x=1000-10p$，得

$$p=100-\frac{x}{10}$$

所以，总收益函数为

$$R(x)=px=100x-\frac{x^2}{10}$$

（2）利润函数为

$$L(x)=R(x)-C(x)=-\frac{x^2}{10}+40x-2000$$

于是 $L'(x)=-\frac{x}{5}+40$。令 $L'(x)=0$，解得

$$x=200$$

又 $L''(x)=-\frac{1}{5}<0$，得 $x=200$ 是唯一的一个极大值点，也就是最大值点。

所以，当产量为 200 吨时，利润最大。

（3）为获得最大利润时的价格，把 $x=200$ 代入 $p=100-\frac{x}{10}$，得

$$p=100-\frac{200}{10}=80$$

所以，获得最大利润时的价格为 80 元。

习　题　四

1. 用洛必达法则求下列极限：

（1）$\lim\limits_{x\to2}\frac{x^4-16}{x-2}$；　（2）$\lim\limits_{x\to-1}\frac{x^3+2x^2+x}{x^3+1}$；　（3）$\lim\limits_{x\to e}\frac{\ln x-1}{x-e}$；

（4）$\lim\limits_{x\to0}\frac{e^x-1}{x^2-x}$；　（5）$\lim\limits_{x\to0}\frac{\ln(1+x)}{x^2}$；　（6）$\lim\limits_{x\to0}\frac{x-\sin x}{x^3}$；

（7）$\lim\limits_{x\to0}\frac{e^x+e^{-x}-2}{x^2}$；　（8）$\lim\limits_{x\to+\infty}\frac{2x-e^{-x}}{x^2}$；　（9）$\lim\limits_{x\to+\infty}\frac{x^4}{e^{2x}}$；

(10) $\lim\limits_{x\to+\infty}\dfrac{\ln x}{\sqrt{x}}$； (11) $\lim\limits_{x\to 0^+} x\mathrm{e}^{\frac{1}{x}}$； (12) $\lim\limits_{x\to 0^+} x^3\ln 2x$；

(13) $\lim\limits_{x\to 1}\left(\dfrac{2}{x^2-1}-\dfrac{1}{x-1}\right)$； (14) $\lim\limits_{x\to 1}\left(\dfrac{1}{1-x}-\dfrac{3}{1-x^3}\right)$； (15) $\lim\limits_{x\to 0^+} x^{\sin x}$。

2. 讨论下列函数的单调性：

(1) $y=2x^3-3x^2$； (2) $y=2x+\dfrac{8}{x}$；

(3) $y=3x^4-4x^3+5$； (4) $y=\dfrac{x^2}{1+x}$。

3. 求下列函数的极值：

(1) $f(x)=x^4-2x^2$； (2) $f(x)=x^3-3x^2+4$； (3) $f(x)=\dfrac{x^3}{(x-1)^2}$。

4. 求下列函数的最值：

(1) $f(x)=2x^3-3x^2$，$x\in[-1, 4]$；

(2) $f(x)=2x^3+3x^2-12x+14$，$x\in[-3, 4]$。

5. 判定下列函数的凹凸性并求拐点：

(1) $y=x^4-6x^2+5$； (2) $y=\dfrac{x}{1+x^2}$。

6. 某公司要靠墙围建一个面积为512平方米的矩形堆料场，问最少需要砌墙多少米？

7. 某产品的总成本函数为 $C(x)=22.5+0.1x^2$，问 x 为何值时，平均成本 $\overline{C}(x)$ 最低？

8. 某产品的成本函数 $C=C(x)=1100+\dfrac{x^2}{1200}$，求生产900个单位产品时的总成本、平均单位成本和边际成本。

9. 某产品生产 x 单位的收益函数 $R(x)=200x-\dfrac{x^2}{100}$，求生产50个单位产品时的收益、平均单位产品的收益和边际收益。

10. 某工厂生产某种产品，每天的收益 R(单位：元)与产量 x(单位：吨)的函数关系为 $R(x)=250x$，而成本函数为 $C(x)=5x^2$。求当每天生产20吨、25吨、30吨时的边际利润。

11. 某企业生产某种产品，每批的固定成本为700元，每生产一件产品，总成本增加5元，x 表示产量。

(1) 求产品的总成本 $C(x)$ 的函数关系式；

(2) 若每件产品售价为7元，求利润函数 $L(x)$。

12. 某企业生产某产品的总成本 $C(x)$ 是产量 x(千件)的函数，即 $C(x)=$

x^3-2x^2+60x，已知产品的价格为 1180 元/千件。

(1) 求平均成本最低时的产量；

(2) 产量为何值时，利润最大？

(3) 求生产 15 千件和 25 千件时的边际成本。

13. 某企业的成本函数和收益函数分别为

$$C(x)=1000+5x+\frac{x^2}{10},\quad R(x)=200x+\frac{x^2}{20}$$

(1) 求边际成本、边际收益和边际利润；

(2) 已知生产并销售了 25 个单位产品，那么生产第 26 个单位产品的利润有多少？

(3) 生产多少个产品可获取最大利润？

14. 某产品的成本函数为 $C(x)=5x+200$(百元)，收益函数为 $R(x)=10x-0.01x^2$(百元)，当产量为多少时，该产品的利润最大？

第五章　不 定 积 分

数学中有许多运算都是互逆的，如加法与减法、乘法与除法等，同样微分法也有它的逆运算。本章将讨论如何寻求一个可导函数，使得它的导数等于已知函数，即微分法的逆运算，这就是积分学的基本问题之一：求不定积分。我们首先给出原函数和不定积分的概念，然后介绍它们的性质，进而讨论求不定积分的方法。

第一节　不定积分的概念和性质

一、原函数与不定积分的概念

先看下面这个实例。

例 5-1　设某商品的销售量为 x，那么利润 $L(x)$是销售量 x 的函数，并发现该商品的边际利润为

$$L'(x) = 200 - 0.4x$$

求当 $L(100)=20\ 000$ 元时，该商品的利润函数。

解　根据题意，$L(x)$的导数为

$$L'(x) = 200 - 0.4x$$

而当 $x=100$ 时，$L=20\ 000$，由导数公式可知

$$L(x) = 200x - 0.2x^2 + 2000$$

即为所求的利润函数。

上述例子实际上是同一数学问题的不同表现形式，即：已知某函数的导数求这个函数，相当于由 $F'(x)=f(x)$求 $F(x)$。

定义 5-1　如果在区间 I 上，可导函数 $F(x)$的导数为 $f(x)$，即对于任意的 $x\in I$，都有

$$F'(x) = f(x) \quad 或 \quad \mathrm{d}F(x) = f(x)\mathrm{d}x$$

则称函数 $F(x)$为 $f(x)$在区间 I 上的原函数。

例 5-1 中，$L(x)=200x-0.4x^2+2000$ 就是 $L'(x)=200-0.4x$ 的一个原函数。

例如，在区间$(-\infty,+\infty)$内$(x^2)'=2x$，所以x^2是$2x$在$(-\infty,+\infty)$上的原函数，同理x^2-2、x^2+3都是$2x$的原函数。

再如，当$x>0$时，$(\ln x)'=\dfrac{1}{x}$，所以$\ln x$是$\dfrac{1}{x}$在$(0,+\infty)$上的原函数，同理$1+\ln x$、$-5+\ln x$都是$\dfrac{1}{x}$的原函数。

由上述例子可知：一个函数的原函数不是唯一的。

下面讨论有关原函数的两个问题。

第一，原函数的个数。设$F(x)$是$f(x)$在区间I上的一个原函数，那么对任意常数C都有$[F(x)+C]'=f(x)$，即函数$F(x)+C$也是$f(x)$在区间I上的原函数。这说明，如果$f(x)$有一个原函数，那么$f(x)$就有无穷多个原函数。

第二，原函数之间的关系。设$\Phi(x)$是$f(x)$在区间I上的另一个原函数，则对于任意的$x\in I$，也有$\Phi'(x)=f(x)$，于是

$$\Phi(x)-F(x)=C_0 \quad (C_0\text{ 为某个常数})$$

这表明$\Phi(x)$与$F(x)$只差一个常数。因此，当C为任意常数时，表达式$F(x)+C$就可以表示$f(x)$的任意一个原函数。

一个函数具备什么条件，它的原函数一定存在呢？在此，我们直接给出如下结论：

定理 5-1（原函数存在定理）　如果函数$f(x)$在区间I上连续，那么在区间I上存在可导函数$F(x)$，使得对于任意的$x\in I$，都有$F'(x)=f(x)$。

简单地说就是：连续函数一定有原函数。

定义 5-2　在区间I上，函数$f(x)$的带有任意常数项的原函数称为$f(x)$在区间I上的不定积分，记作

$$\int f(x)\mathrm{d}x$$

其中记号$\int$称为积分号，$f(x)$称为被积函数，$f(x)\mathrm{d}x$称为被积表达式，x称为积分变量。

如果$F(x)$是$f(x)$在区间I上的一个原函数，即$F'(x)=f(x)\ (x\in I)$，那么

$$\int f(x)\mathrm{d}x=F(x)+C$$

因此，不定积分$\int f(x)\mathrm{d}x$可以表示$f(x)$的所有原函数。

由不定积分的定义可知下述关系：

$$\left(\int f(x)\mathrm{d}x\right)' = f(x) \quad 或 \quad \mathrm{d}\left[\int f(x)\mathrm{d}x\right] = f(x)\mathrm{d}x$$

$$\int F'(x)\mathrm{d}x = F(x) + C \quad 或 \quad \int \mathrm{d}F(x) = F(x) + C$$

由此可见，微分运算(以记号 d 表示)与求不定积分的运算(简称积分运算，以记号$\int$表示)是互逆的。当记号$\int$与d连在一起时，或者抵消，或者抵消后差一个常数。

二、不定积分的几何意义

定义 5-3 设 $F(x)$是 $f(x)$的一个原函数，$y=F(x)$的图形称为 $f(x)$的积分曲线。

显然积分曲线不止一条，而且所有的积分曲线都可以由一条积分曲线沿 y 轴方向平移得到，因此不定积分 $\int f(x)\mathrm{d}x$ 的几何意义表示：任意一条积分曲线 $y=F(x)$沿着 y 轴从$-\infty$到$+\infty$连续地平行移动所产生的一族积分曲线。

例 5-2 设曲线通过点(1，2)，且其上任意一点处的切线斜率等于这点横坐标的 2 倍，求此曲线的方程。

解 设所求曲线方程为 $y=f(x)$，由题意知，曲线上任意一点(x, y)处的切线斜率为

$$f'(x) = 2x$$

即 $f(x)$是 $2x$ 的一个原函数。因为$\int 2x\mathrm{d}x = x^2 + C$，故必存在某个常数 C，使

$$f(x) = x^2 + C$$

又因为所求曲线通过点(1，2)，故 $2=1+C$，即 $C=1$，于是所求曲线方程为

$$y = x^2 + 1$$

本例即是求函数 $f(x)=2x$ 通过点(1，2)的那条积分曲线。

第二节　基本积分表及不定积分的性质

一、基本积分表

根据不定积分的定义，求函数 $f(x)$的不定积分，只需求出它的一个原函数，再加上任意常数 C 即可。

例如，因为$\left(\frac{x^3}{3}\right)'=x^2$，所以$\frac{x^3}{3}$是 x^2 的一个原函数，于是

$$\int x^2 \mathrm{d}x = \frac{x^3}{3} + C$$

又如，因为当 $x>0$ 时，$(\ln x)'=\frac{1}{x}$，所以 $\ln x$ 是 $\frac{1}{x}$ 在 $(0, +\infty)$ 内的原函数，于是在 $(0, +\infty)$ 内，有

$$\int \frac{1}{x} \mathrm{d}x = \ln x + C$$

当 $x<0$ 时，因为 $[\ln(-x)]'=\frac{1}{-x}\cdot(-1)=\frac{1}{x}$，所以 $\ln(-x)$ 是 $\frac{1}{x}$ 在 $(-\infty, 0)$ 内的原函数，于是在 $(-\infty, 0)$ 内，有

$$\int \frac{1}{x} \mathrm{d}x = \ln(-x) + C$$

综合以上结果，可得

$$\int \frac{1}{x} \mathrm{d}x = \ln|x| + C$$

根据积分与微分逆运算的关系，可以由每一个基本初等函数的导数公式相应得到一个不定积分公式。下面我们把这些基本的积分公式列成一个表，通常称为基本积分表。

(1) $\int 1 \mathrm{d}x = \int \mathrm{d}x = x + C$；

(2) $\int x^k \mathrm{d}x = \frac{1}{k+1} x^{k+1} + C \ (k \neq -1)$；

(3) $\int \frac{1}{x} \mathrm{d}x = \ln|x| + C$；

(4) $\int \frac{1}{1+x^2} \mathrm{d}x = \arctan x + C$；

(5) $\int \frac{1}{\sqrt{1-x^2}} \mathrm{d}x = \arcsin x + C$；

(6) $\int \cos x \mathrm{d}x = \sin x + C$；

(7) $\int \sin x \mathrm{d}x = -\cos x + C$；

(8) $\int \frac{1}{\cos^2 x} \mathrm{d}x = \int \sec^2 x \mathrm{d}x = \tan x + C$；

(9) $\int \frac{1}{\sin^2 x} \mathrm{d}x = \int \csc^2 x \mathrm{d}x = -\cot x + C$；

(10) $\int \sec x \tan x \mathrm{d}x = \sec x + C$；

(11) $\int \csc x \cot x \mathrm{d}x = -\csc x + C$；

(12) $\int a^x \mathrm{d}x = \frac{1}{\ln a} a^x + C \ (a > 0, a \neq 1)$；

(13) $\int \mathrm{e}^x \mathrm{d}x = \mathrm{e}^x + C$。

以上所列基本积分公式是求不定积分的基础，必须熟记。

例 5-3 求 $\int \sqrt{x} \mathrm{d}x$。

解 $\int \sqrt{x} \mathrm{d}x = \int x^{\frac{1}{2}} \mathrm{d}x = \frac{1}{\frac{1}{2}+1} x^{\frac{1}{2}+1} + C = \frac{2}{3} x^{\frac{3}{2}} + C$

例 5-4 求 $\int \frac{1}{x^2} \mathrm{d}x$。

解 $\int \frac{1}{x^2} \mathrm{d}x = \int x^{-2} \mathrm{d}x = \frac{1}{-2+1} x^{-2+1} + C = -\frac{1}{x} + C$

例 5-5 求 $\int x^2 \sqrt{x} \mathrm{d}x$。

解 $\int x^2 \sqrt{x} \mathrm{d}x = \int x^{\frac{5}{2}} \mathrm{d}x = \frac{1}{\frac{5}{2}+1} x^{\frac{5}{2}+1} + C = \frac{2}{7} x^{\frac{7}{2}} + C$

例 5-6 求 $\int 2^x \mathrm{e}^x \mathrm{d}x$。

解 $\int 2^x \mathrm{e}^x \mathrm{d}x = \int (2\mathrm{e})^x \mathrm{d}x = \frac{(2\mathrm{e})^x}{\ln(2\mathrm{e})} + C = \frac{2^x \mathrm{e}^x}{1+\ln 2} + C$

二、不定积分的性质

根据不定积分的定义，可以得到它的如下两个性质：

性质 1 设函数 $f(x)$ 及 $g(x)$ 的原函数存在，则

$$\int [f(x) + g(x)] \mathrm{d}x = \int f(x) \mathrm{d}x + \int g(x) \mathrm{d}x$$

该性质可以推广到有限多个函数的情形。

性质 2 设函数 $f(x)$ 的原函数存在，k 为非零常数，则

$$\int k f(x) \mathrm{d}x = k \int f(x) \mathrm{d}x$$

利用基本积分表和不定积分的性质，可以求出一些简单的不定积分。

例 5-7 求 $\int (x^2 - 5x) \mathrm{d}x$。

解 $\int(x^2-5x)\mathrm{d}x=\int x^2\mathrm{d}x-\int 5x\mathrm{d}x=\int x^2\mathrm{d}x-5\int x\mathrm{d}x$

$$=\frac{1}{3}x^3-\frac{5}{2}x^2+C$$

注意：分项积分后，只需要总地写出一个任意常数 C 即可；如果要检验积分结果是否正确，可以对结果求导，看它的导数是否等于被积函数。

例 5－8 求$\int(3\mathrm{e}^x+\sin x-2)\mathrm{d}x$。

解 $\int(3\mathrm{e}^x+\sin x-2)\mathrm{d}x=3\int\mathrm{e}^x\mathrm{d}x+\int\sin x\mathrm{d}x-2\int\mathrm{d}x$

$$=3\mathrm{e}^x-\cos x-2x+C$$

例 5－9 某化工厂生产某种产品，每天生产产品的边际成本是 $C'(x)=7+\frac{25}{\sqrt{x}}$（$x$ 是每天的产量），已知固定成本为 1000 元，求每天总成本与产量的函数关系。

解 因为总成本是边际成本的原函数，所以有

$$C(x)=\int C'(x)\mathrm{d}x=\int\left(7+\frac{25}{\sqrt{x}}\right)\mathrm{d}x=7x+50\sqrt{x}+C$$

已知固定成本为 1000 元，即 $C(0)=1000$，将其代入上式得 $C=1000$，于是所求函数为

$$C(x)=7x+50\sqrt{x}+1000$$

有些不定积分，基本积分表中没有相应的类型，需要对被积函数作适当的变形，将其化为表中的形式后再逐项求积分。

例 5－10 求$\int(\sqrt[3]{x}-1)^2\mathrm{d}x$。

解 $\int(\sqrt[3]{x}-1)^2\mathrm{d}x=\int(\sqrt[3]{x^2}-2\sqrt[3]{x}+1)\mathrm{d}x$

$$=\int x^{\frac{2}{3}}\mathrm{d}x-2\int x^{\frac{1}{3}}\mathrm{d}x+\int\mathrm{d}x=\frac{3}{5}x^{\frac{5}{3}}-\frac{3}{2}x^{\frac{4}{3}}+x+C$$

例 5－11 求$\int\frac{(x-1)^3}{x^2}\mathrm{d}x$。

解 $\int\frac{(x-1)^3}{x^2}\mathrm{d}x=\int\frac{x^3-3x^2+3x-1}{x^2}\mathrm{d}x$

$$=\int\left(x-3+\frac{3}{x}-\frac{1}{x^2}\right)\mathrm{d}x$$

$$=\int x\mathrm{d}x-3\int\mathrm{d}x+3\int\frac{1}{x}\mathrm{d}x-\int\frac{1}{x^2}\mathrm{d}x$$

$$= \frac{1}{2}x^2 - 3x + 3\ln|x| + \frac{1}{x} + C$$

例 5－12 求$\int \frac{x^2}{1+x^2}dx$。

解 $\int \frac{x^2}{1+x^2}dx = \int \frac{x^2+1-1}{1+x^2}dx = \int\left(1-\frac{1}{1+x^2}\right)dx = x - \arctan x + C$

例 5－13 设每天生产某种商品 x 单位时的固定成本为 30 元，边际成本函数为

$$C'(x) = 0.6x + 2$$

如果该商品的销售价为每件 20 元，且所有商品都能售出，求：

（1）成本函数 $C(x)$；

（2）利润函数 $L(x)$以及获得最大利润时每天生产的件数。

解 （1）根据题意，成本函数为

$$C(x) = \int C'(x)dx = \int(0.6x+2)dx = 0.3x^2 + 2x + C$$

又 $C(0)=30$，从而 $C=30$，因此

$$C(x) = 0.3x^2 + 2x + 30$$

（2）因为收益函数为 $R(x)=20x$，所以利润函数为

$$L(x) = R(x) - C(x) = -0.3x^2 + 18x - 30$$

于是有

$$L'(x) = -0.6x + 18$$

当 $L'(x)=0$ 时，得 $x=30$。所以，每天生产 30 件产品时才能获得最大利润。

第三节　不定积分的计算

能直接利用基本积分表和性质计算的不定积分是十分有限的，本节将介绍不定积分计算的方法和技巧。

一、第一类换元积分法

换元积分法是将复合函数求导法则反过来用于求不定积分，即通过适当的变量代换，将所求的不定积分化为基本积分表中所列的形式，再计算出积分的结果。

先来看一个具体的例子。

例 5－14 求$\int e^{3x}dx$。

解　在基本积分表中有公式 $\int e^x dx = e^x + C$，据此我们把原式改写为

$$\int e^{3x} dx = \frac{1}{3}\int e^{3x} d(3x)$$

若作变量代换，令 $u=3x$，把 u 看作新的积分变量，就可应用基本积分公式，于是

$$\int e^{3x} dx = \frac{1}{3}\int e^{3x} d(3x) = \frac{1}{3}\int e^u du = \frac{1}{3}e^u + C$$

再把 u 换成 $3x$，得

$$\int e^{3x} dx = \frac{1}{3}e^{3x} + C$$

例 5-14 中所用的方法就是第一类换元积分法，该方法的关键在于选择一个合适的变量代换，把所求的积分变形成为基本积分表中已有的形式或者便于求出积分的形式。

一般地，设 $F(u)$为 $f(u)$的原函数，即

$$F'(u) = f(u), \quad \int f(u) du = F(u) + C$$

如果 $u=\varphi(x)$是中间变量且可导，则根据复合函数的求导法则，有

$$\{F[\varphi(x)]\}' = F'[\varphi(x)]\varphi'(x) = f[\varphi(x)]\varphi'(x)$$

从而，由不定积分的定义可得

$$\int f[\varphi(x)]\varphi'(x) dx = F[\varphi(x)] + C$$

于是有下述定理：

定理 5-2（第一类换元积分法）　设函数 $u=\varphi(x)$可导，且 $\int f(u) du = F(u) + C$，则有

$$\int f[\varphi(x)]\varphi'(x) dx \xlongequal{u=\varphi(x)} \int f(u) du = F(u) + C = F[\varphi(x)] + C$$

应用第一类换元积分法的关键是，先要从被积函数中分出一部分因式与 dx 结合，凑成微分因式 $d\varphi(x)$的形式，即

$$\int f[\varphi(x)]\varphi'(x) dx = \int f[\varphi(x)] d\varphi(x) = F[\varphi(x)] + C$$

因此，第一类换元积分法也称为凑微分法。

下面通过具体的例子来介绍如何应用第一类换元积分法（凑微分法）。

例 5-15　求 $\int (3x+1)^5 dx$。

解　令 $u=3x+1$，则 $du=d(3x+1)=3dx$，即 $dx=\frac{1}{3}du$，于是

$$\int (3x+1)^5\mathrm{d}x = \int u^5 \cdot \frac{1}{3}\mathrm{d}u = \frac{1}{3}\int u^5\mathrm{d}u = \frac{1}{18}u^6 + C = \frac{1}{18}(3x+1)^6 + C$$

例 5-16 求 $\int \frac{1}{2x-3}\mathrm{d}x$。

解 令 $u=2x-3$，则 $\mathrm{d}u=\mathrm{d}(2x-3)=2\mathrm{d}x$，即 $\mathrm{d}x=\frac{1}{2}\mathrm{d}u$，于是

$$\int \frac{1}{2x-3}\mathrm{d}x = \int \frac{1}{u} \cdot \frac{1}{2}\mathrm{d}u = \frac{1}{2}\int \frac{1}{u}\mathrm{d}u = \frac{1}{2}\ln|u| + C = \frac{1}{2}\ln|2x-3| + C$$

由以上两例可以看出：一般地，对于积分 $\int f(ax+b)\mathrm{d}x$，总可以作变换 $u=ax+b$，若 $\int f(x)\mathrm{d}x = F(x)+C$，则

$$\int f(ax+b)\mathrm{d}x = \frac{1}{a}\int f(ax+b)\mathrm{d}(ax+b) = \frac{1}{a}\int f(u)\mathrm{d}u = \frac{1}{a}F(ax+b) + C$$

例 5-17 求 $\int x\mathrm{e}^{x^2}\mathrm{d}x$。

解 令 $u=x^2$，则 $\mathrm{d}u=2x\mathrm{d}x$，即 $x\mathrm{d}x=\frac{1}{2}\mathrm{d}u$，于是

$$\int x\mathrm{e}^{x^2}\mathrm{d}x = \int \mathrm{e}^u \cdot \frac{1}{2}\mathrm{d}u = \frac{1}{2}\int \mathrm{e}^u\mathrm{d}u = \frac{1}{2}\mathrm{e}^u + C = \frac{1}{2}\mathrm{e}^{x^2} + C$$

例 5-18 求 $\int x\sqrt{1-x^2}\mathrm{d}x$。

解 令 $u=1-x^2$，则 $\mathrm{d}u=-2x\mathrm{d}x$，即 $x\mathrm{d}x=-\frac{1}{2}\mathrm{d}u$，于是

$$\begin{aligned}\int x\sqrt{1-x^2}\mathrm{d}x &= \int \sqrt{u} \cdot \left(-\frac{1}{2}\right)\mathrm{d}u = -\frac{1}{2}\int \sqrt{u}\mathrm{d}u = -\frac{1}{3}u^{\frac{3}{2}} + C \\ &= -\frac{1}{3}(1-x^2)^{\frac{3}{2}} + C\end{aligned}$$

在求复合函数的导数时，我们常不写出中间变量。同样地，在比较熟悉不定积分的第一类换元积分法后，也可不写出中间变量。

如例 5-15～例 5-18 也可分别写为

$$\begin{aligned}\int (3x+1)^5\mathrm{d}x &= \int (3x+1)^5 \cdot \frac{1}{3}\mathrm{d}(3x+1) = \frac{1}{3}\int (3x+1)^5\mathrm{d}(3x+1) \\ &= \frac{1}{18}(3x+1)^6 + C\end{aligned}$$

$$\begin{aligned}\int \frac{1}{2x-3}\mathrm{d}x &= \int \frac{1}{2x-3} \cdot \frac{1}{2}\mathrm{d}(2x-3) = \frac{1}{2}\int \frac{1}{2x-3}\mathrm{d}(2x-3) \\ &= \frac{1}{2}\ln|2x-3| + C\end{aligned}$$

$$\int xe^{x^2}\mathrm{d}x = \frac{1}{2}\int e^{x^2}\cdot 2x\mathrm{d}x = \frac{1}{2}\int e^{x^2}\mathrm{d}(x^2) = \frac{1}{2}e^{x^2}+C$$

$$\int x\sqrt{1-x^2}\mathrm{d}x = -\frac{1}{2}\int \sqrt{1-x^2}\cdot(-2x)\mathrm{d}x = -\frac{1}{2}\int (1-x^2)^{\frac{1}{2}}\mathrm{d}(1-x^2)$$

$$= -\frac{1}{3}(1-x^2)^{\frac{3}{2}}+C$$

在使用第一类换元积分法时，总是将被积函数分解成两个因式 $f[\varphi(x)]$与 $\varphi'(x)$的乘积，然后将 $\varphi'(x)\mathrm{d}x$ 按微分逆运算写成 $\mathrm{d}\varphi(x)$，当被积函数的中间变量与积分变量的形式一致时，就可使用基本积分表中的结论写出积分结果。

例 5－19 求$\int x\sqrt[3]{x^2+2}\mathrm{d}x$。

解 $\int x\sqrt[3]{x^2+2}\mathrm{d}x = \frac{1}{2}\int (x^2+2)^{\frac{1}{3}}\mathrm{d}(x^2+2) = \frac{3}{8}(x^2+2)^{\frac{4}{3}}+C$

例 5－20 求$\int \frac{e^x}{e^x+3}\mathrm{d}x$。

解 $\int \frac{e^x}{e^x+3}\mathrm{d}x = \int \frac{1}{e^x+3}\mathrm{d}(e^x+3) = \ln(e^x+3)+C$

例 5－21 求$\int \frac{x}{(1+x^2)^3}\mathrm{d}x$。

解 $\int \frac{x}{(1+x^2)^3}\mathrm{d}x = \frac{1}{2}\int (1+x^2)^{-3}\mathrm{d}(1+x^2)$

$$= \frac{1}{2}\cdot\frac{(1+x^2)^{-3+1}}{-3+1}+C = -\frac{1}{4(1+x^2)^2}+C$$

例 5－22 求$\int \sin^3 x\cdot\cos x\mathrm{d}x$。

解 $\int \sin^3 x\cdot\cos x\mathrm{d}x = \int \sin^3 x\mathrm{d}(\sin x) = \frac{1}{4}\sin^4 x+C$

例 5－23 求$\int \tan x\mathrm{d}x$。

解 $\int \tan x\mathrm{d}x = \int \frac{\sin x}{\cos x}\mathrm{d}x = -\int \frac{1}{\cos x}\mathrm{d}(\cos x) = -\ln|\cos x|+C$

类似地，可得

$$\int \cot x\mathrm{d}x = \ln|\sin x|+C$$

例 5－24 求$\int \frac{1}{\sqrt{x}}e^{\sqrt{x}}\mathrm{d}x$。

解 $\int \frac{1}{\sqrt{x}}e^{\sqrt{x}}\mathrm{d}x = 2\int e^{\sqrt{x}}\mathrm{d}(\sqrt{x}) = 2e^{\sqrt{x}}+C$

例 5－25 求$\int \frac{1}{x^2} \cdot \sin \frac{1}{x} dx$。

解 $\int \frac{1}{x^2} \cdot \sin \frac{1}{x} dx = -\int \sin \frac{1}{x} d\left(\frac{1}{x}\right) = \cos \frac{1}{x} + C$

例 5－26 求$\int \frac{1}{x(1+4\ln x)} dx$。

解 $$\int \frac{1}{x(1+4\ln x)} dx = \int \frac{1}{1+4\ln x} \cdot \frac{1}{x} dx$$
$$= \frac{1}{4}\int \frac{1}{1+4\ln x} d(1+4\ln x) = \frac{1}{4}\ln |1+4\ln x| + C$$

通过上面的例子可以看到，利用第一类换元积分法求不定积分需要一定的技巧，关键是要在被积表达式中凑出适用的微分因子，进而进行变量代换，这方面无一般法则可循，但熟记一些常用的凑微分公式是有帮助的。

二、第二类换元积分法

用第一类换元积分法能够求出许多不定积分，但有些不定积分却不能用第一类换元积分法求解，例如$\int \sqrt{1-x^2} dx$。下面介绍第二类换元积分法。

定理 5－3(第二类换元积分法) 设函数 $f(x)$连续，$x=\varphi(t)$具有连续的导数 $\varphi'(t)$，且 $\varphi'(t) \neq 0$，则有换元公式

$$\int f(x) dx \xlongequal{x=\varphi(t)} \int f[\varphi(t)]\varphi'(t) dt$$

例如，对于被积函数中含有 $\sqrt[n]{ax+b}$的不定积分，可令 $\sqrt[n]{ax+b}=t$，即作变量代换 $x=\frac{t^n-b}{a}(a\neq 0)$，从而把无理函数的积分化为有理函数的积分。

例 5－27 求$\int \frac{1}{1+\sqrt{x}} dx$。

解 令$\sqrt{x}=t$，即 $x=t^2$，这样就去掉了被积函数中的根式，此时 $dx=2tdt$，于是

$$\int \frac{1}{1+\sqrt{x}} dx = \int \frac{1}{1+t} \cdot 2t dt = 2\int \frac{t+1-1}{1+t} dt$$
$$= 2\int \left(1-\frac{1}{1+t}\right) dt = 2\int dt - 2\int \frac{1}{1+t} d(1+t)$$
$$= 2t - 2\ln |1+t| + C = 2\sqrt{x} - 2\ln(1+\sqrt{x}) + C$$

例 5－28 求$\int \frac{\sqrt{x-1}}{x} dx$。

解 令 $\sqrt{x-1}=t$，即 $x=t^2+1$，则 $\mathrm{d}x=2t\mathrm{d}t$，于是

$$\int \frac{\sqrt{x-1}}{x}\mathrm{d}x=\int \frac{t}{t^2+1}\cdot 2t\mathrm{d}t=2\int \frac{t^2}{t^2+1}\mathrm{d}t=2\int\left(1-\frac{1}{t^2+1}\right)\mathrm{d}t$$

$$=2(t-\arctan t)+C=2(\sqrt{x-1}-2\arctan\sqrt{x-1})+C$$

第二类换元积分法主要解决被积函数含有根式的积分问题，但也要具体问题具体分析，如积分 $\int\sqrt{2x+1}\mathrm{d}x$，$\int x\sqrt{x^2-1}\mathrm{d}x$ 等，使用第一类换元积分法更为简便。

三、分部积分法

设 $u=u(x)$，$v=v(x)$ 有连续的导数，由求导公式 $(uv)'=u'v+uv'$，得

$$uv'=(uv)'-u'v$$

两边积分，有

$$\int uv'\mathrm{d}x=\int(uv)'\mathrm{d}x-\int u'v\mathrm{d}x$$

即

$$\int u\mathrm{d}v=uv-\int v\mathrm{d}u$$

这就是分部积分公式。使用分部积分公式求不定积分的方法称为分部积分法。

应用分部积分法首先要把被积函数 $f(x)$ 分成两部分，一部分作为公式中的 u，另一部分作为公式中的 v'，然后把积分 $\int f(x)\mathrm{d}x$ 写成 $\int u\mathrm{d}v$ 的形式。恰当地选取 u 和 v' 是应用该方法的关键，选取的原则一是 v 容易求出，二是新的积分 $\int v\mathrm{d}u$ 比原来的积分 $\int u\mathrm{d}v$ 容易求出。

应用分部积分法时，u 及 v' 的选择是有一定规律的。当被积函数为多项式(幂函数)与正(余)弦或指数函数的乘积时，可以考虑应用分部积分法，此时选取多项式(幂函数)作为 u，这样可以降低多项式(幂函数)的次数。

例 5－29 求 $\int x\mathrm{e}^x\mathrm{d}x$。

解 设 $u=x$，$v'=\mathrm{e}^x$，则 $v=\mathrm{e}^x$，于是

$$\int x\mathrm{e}^x\mathrm{d}x=\int x\mathrm{d}\mathrm{e}^x=x\mathrm{e}^x-\int \mathrm{e}^x\mathrm{d}x=x\mathrm{e}^x-\mathrm{e}^x+C$$

例 5－30 求 $\int(x^2+1)\mathrm{e}^x\mathrm{d}x$。

解 设 $u=x^2+1$，$v'=\mathrm{e}^x$，则 $v=\mathrm{e}^x$，于是

$$\int(x^2+1)e^x dx=\int(x^2+1)de^x=(x^2+1)e^x-\int e^x d(x^2+1)$$
$$=(x^2+1)e^x-2\int xe^x dx=(x^2+1)e^x-2(xe^x-e^x)+C$$
$$=(x^2-2x+3)e^x+C$$

例 5-31 求$\int x\cos x dx$。

解 令 $u=x$，$v'=\cos x$，则 $v=\sin x$，于是

$$\int x\cos x dx=\int x d(\sin x)=x\sin x-\int \sin x dx$$
$$=x\sin x-(-\cos x)+C=x\sin x+\cos x+C$$

如果被积函数是多项式与对数函数或反三角函数乘积的形式，则可以考虑应用分部积分法，并把对数函数或反三角函数作为 u。

例 5-32 求$\int x^2\ln x dx$。

解 为使 v 容易求得，选取 $u=\ln x$，$v'=x^2$，则 $v=\frac{1}{3}x^3$，于是

$$\int x^2\ln x dx=\frac{1}{3}\int \ln x dx^3=\frac{1}{3}x^3\ln x-\frac{1}{3}\int x^3 d(\ln x)$$
$$=\frac{1}{3}x^3\ln x-\frac{1}{3}\int x^2 dx=\frac{1}{3}x^3\ln x-\frac{1}{9}x^3+C$$

在应用比较熟练后，不必再把 u 和 v' 明确写出来，可直接使用分部积分公式。

例 5-33 求$\int \ln x dx$。

解 $\int \ln x dx=x\ln x-\int x d(\ln x)=x\ln x-\int 1 dx=x\ln x-x+C$

有时计算不定积分，需要将换元积分法和分部积分法结合起来使用。

例 5-34 求$\int e^{\sqrt{x}} dx$。

解 令$\sqrt{x}=t$，则 $x=t^2$，$dx=2tdt$，于是

$$\int e^{\sqrt{x}} dx=\int e^t\cdot 2tdt=2\int tde^t=2te^t-2\int e^t dt$$
$$=2te^t-2e^t+C=2e^{\sqrt{x}}(\sqrt{x}-1)+C$$

四、简单有理函数的不定积分

两个多项式的商$\frac{P(x)}{Q(x)}=\frac{a_0x^m+a_1x^{m-1}+\cdots+a_m}{b_0x^n+b_1x^{n-1}+\cdots+b_n}$(其中 m 和 n 为非负整数，

$a_0, a_1, \cdots, a_m$ 及 $b_0, b_1, \cdots, b_n$ 为实数，且 $a_0 \neq 0$，$b_0 \neq 0$)所表示的函数称为有理函数，又称为有理分式。当 $m<n$ 时，这个有理函数为真分式；而当 $m \geqslant n$ 时，这个有理函数为假分式。

利用多项式除法，假分式总可以化成一个多项式和一个真分式和的形式。例如，

$$\frac{3x^4 - x^2 + 1}{x^2 + 1} = \frac{3x^2(x^2+1) - 4(x^2+1) + 5}{x^2+1} = 3x^2 - 4 + \frac{5}{x^2+1}$$

因此，有理函数的不定积分主要解决真分式的不定积分问题。

例 5-35 求 $\int \frac{x^4}{1+x^2}\mathrm{d}x$。

解 $$\int \frac{x^4}{1+x^2}\mathrm{d}x = \int \frac{x^4 - 1 + 1}{1+x^2}\mathrm{d}x = \int\left(x^2 - 1 + \frac{1}{1+x^2}\right)\mathrm{d}x$$
$$= \int x^2\mathrm{d}x - \int\mathrm{d}x + \int\frac{1}{1+x^2}\mathrm{d}x$$
$$= \frac{1}{3}x^3 - x + \arctan x + C$$

例 5-36 求 $\int \frac{1-x}{1+x}\mathrm{d}x$。

解 $$\int \frac{1-x}{1+x}\mathrm{d}x = \int\left(\frac{2}{1+x} - 1\right)\mathrm{d}x = 2\int\frac{1}{1+x}\mathrm{d}(1+x) - \int\mathrm{d}x$$
$$= 2\ln|1+x| - x + C$$

对于真分式 $\frac{P(x)}{Q(x)}$，如果分母 $Q(x)$ 可以因式分解为 $Q_1(x)\cdot Q_2(x)$，且 $Q_1(x)$ 与 $Q_2(x)$ 没有公因子，则该真分式可以拆分成两个真分式的和：

$$\frac{P(x)}{Q(x)} = \frac{P_1(x)}{Q_1(x)} + \frac{P_2(x)}{Q_2(x)}$$

那么该真分式的不定积分可以化成简单的部分分式和的积分；如果分母不能因式分解，则采用其他方法计算。

例 5-37 求 $\int \frac{1}{a^2 - x^2}\mathrm{d}x\,(a>0)$。

解 $$\int\frac{1}{a^2-x^2}\mathrm{d}x = \int\frac{1}{2a}\left(\frac{1}{a+x} + \frac{1}{a-x}\right)\mathrm{d}x$$
$$= \frac{1}{2a}\int\frac{1}{a+x}\mathrm{d}x + \frac{1}{2a}\int\frac{1}{a-x}\mathrm{d}x$$
$$= \frac{1}{2a}\int\frac{1}{a+x}\mathrm{d}(a+x) + \frac{1}{2a}\int\frac{-1}{a-x}\mathrm{d}(a-x)$$
$$= \frac{1}{2a}\ln|a+x| - \frac{1}{2a}\ln|a-x| + C$$

$$= \frac{1}{2a}\ln\left|\frac{a+x}{a-x}\right| + C$$

例 5-38 求 $\int \frac{1}{x^2-2x-15}dx$。

解 $$\int \frac{1}{x^2-2x-15}dx = \int \frac{1}{(x-5)(x+3)}dx = \frac{1}{8}\int\left(\frac{1}{x-5}-\frac{1}{x+3}\right)dx$$

$$= \frac{1}{8}\left(\int \frac{1}{x-5}dx - \int \frac{1}{x+3}dx\right)$$

$$= \frac{1}{8}\left[\int \frac{1}{x-5}d(x-5) - \int \frac{1}{x+3}d(x+3)\right]$$

$$= \frac{1}{8}(\ln|x-5| - \ln|x+3|) + C$$

$$= \frac{1}{8}\ln\left|\frac{x-5}{x+3}\right| + C$$

例 5-39 求 $\int \frac{1}{4+x^2}dx$。

解 $$\int \frac{1}{4+x^2}dx = \frac{1}{4}\int \frac{1}{1+\left(\frac{x}{2}\right)^2}dx = \frac{1}{2}\int \frac{1}{1+\left(\frac{x}{2}\right)^2}\cdot\frac{1}{2}dx$$

$$= \frac{1}{2}\int \frac{1}{1+\left(\frac{x}{2}\right)^2}d\left(\frac{x}{2}\right) = \frac{1}{2}\arctan\frac{x}{2} + C$$

一般地，有

$$\int \frac{1}{a^2+x^2}dx = \frac{1}{a}\arctan\frac{x}{a} + C \quad (a > 0)$$

该结果可以作为结论直接使用。

例 5-40 求 $\int \frac{1}{x^2+2x+5}dx$。

解 $$\int \frac{1}{x^2+2x+5}dx = \int \frac{1}{(x+1)^2+4}dx = \int \frac{1}{(x+1)^2+2^2}d(x+1)$$

$$= \frac{1}{2}\arctan\frac{x+1}{2} + C$$

例 5-41 求 $\int \frac{1}{x(x-1)^2}dx$。

解 因为

$$\frac{1}{x(x-1)^2} = \frac{1-x+x}{x(x-1)^2} = -\frac{1}{x(x-1)} + \frac{1}{(x-1)^2}$$

$$= -\frac{1-x+x}{x(x-1)} + \frac{1}{(x-1)^2} = \frac{1}{x} - \frac{1}{x-1} + \frac{1}{(x-1)^2}$$

所以

$$\begin{aligned}\int\frac{1}{x(x-1)^2}\mathrm{d}x&=\int\left[\frac{1}{x}-\frac{1}{x-1}+\frac{1}{(x-1)^2}\right]\mathrm{d}x\\&=\int\frac{1}{x}\mathrm{d}x-\int\frac{1}{x-1}\mathrm{d}x+\int\frac{1}{(x-1)^2}\mathrm{d}x\\&=\ln|x|-\ln|x-1|-\frac{1}{x-1}+C\end{aligned}$$

由以上讨论可知：凡是有理函数的积分都能用初等函数来表达。

介绍完这些常用的积分计算方法，我们还要特别指出：尽管所有初等函数在其定义区间上的原函数都存在，但其原函数不一定都是初等函数，例如：

$$\int e^{x^2}\mathrm{d}x,\quad\int\frac{\sin x}{x}\mathrm{d}x,\quad\int\frac{\mathrm{d}x}{\ln x},\quad\int\frac{\mathrm{d}x}{\sqrt{1+x^4}}$$

等都不是初等函数。

习　题　五

1. 已知一曲线通过点(3，7)，且在任意一点处的切线斜率等于该点横坐标的平方，求此曲线的方程。

2. 求下列不定积分：

(1) $\int x^5\mathrm{d}x$；　(2) $\int\sqrt{x}\mathrm{d}x$；　(3) $\int\frac{1}{x^3}\mathrm{d}x$；

(4) $\int\frac{1}{x\sqrt{x}}\mathrm{d}x$；　(5) $\int(1+3x-2x^2)\mathrm{d}x$；

(6) $\int\left(\frac{1}{\sqrt{1-x^2}}-\frac{3}{x}\right)\mathrm{d}x$；　(7) $\int\left(2\cos x-\frac{1}{1+x^2}\right)\mathrm{d}x$；

(8) $\int\frac{1+x}{\sqrt{x}}\mathrm{d}x$；　(9) $\int\frac{(x+1)(x-2)}{x^2}\mathrm{d}x$；

(10) $\int\frac{\sqrt{1+x^2}}{\sqrt{1-x^4}}\mathrm{d}x$；　(11) $\int(3^x)^3\mathrm{d}x$。

3. 设某种产品的产量为 Q，已知该产品的固定成本为 20 元，边际成本函数为 $2Q+10$(元)，求该产品的成本函数。

4. 求下列不定积分：

(1) $\int(x-5)^7\mathrm{d}x$；　(2) $\int\frac{1}{(2x+1)^3}\mathrm{d}x$；　(3) $\int\sqrt{1-3x}\mathrm{d}x$；

(4) $\int e^{2x+1}\mathrm{d}x$；　(5) $\int\sin 5x\mathrm{d}x$；　(6) $\int\frac{2}{3x+1}\mathrm{d}x$；

(7) $\int \frac{1}{1-2x}\mathrm{d}x$；　(8) $\int x\mathrm{e}^{-3x^2}\mathrm{d}x$；　(9) $\int x\sqrt{3x^2+5}\mathrm{d}x$；

(10) $\int \frac{x}{x^2+1}\mathrm{d}x$；　(11) $\int \frac{1}{x\ln x}\mathrm{d}x$；　(12) $\int x^2\mathrm{e}^{x^3}\mathrm{d}x$；

(13) $\int x^2\sqrt{3-x^3}\mathrm{d}x$；　(14) $\int \mathrm{e}^{\sin x}\cos x\mathrm{d}x$；　(15) $\int \frac{\cos\sqrt{x}}{\sqrt{x}}\mathrm{d}x$。

5. 求下列不定积分：

(1) $\int \frac{x}{\sqrt{1-x}}\mathrm{d}x$；　(2) $\int \frac{\mathrm{d}x}{1+\sqrt{2x}}$；　(3) $\int x\sqrt{1-2x}\mathrm{d}x$；

(4) $\int \frac{\sqrt{x+1}}{x+2}\mathrm{d}x$；　(5) $\int \frac{1}{\sqrt{x}+\sqrt[4]{x}}\mathrm{d}x$。

6. 求下列不定积分：

(1) $\int x\sin x\mathrm{d}x$；　(2) $\int x^2\cos x\mathrm{d}x$；　(3) $\int x\mathrm{e}^{-x}\mathrm{d}x$；

(4) $\int x\ln x\mathrm{d}x$；　(5) $\int \ln(1+x^2)\mathrm{d}x$；　(6) $\int \mathrm{e}^{\sqrt[3]{x}}\mathrm{d}x$。

7. 求下列不定积分：

(1) $\int \frac{x^3-x}{x+1}\mathrm{d}x$；　(2) $\int \frac{x^2}{4+x^2}\mathrm{d}x$；　(3) $\int \frac{x^3}{9+x^2}\mathrm{d}x$；

(4) $\int \frac{1}{x(3x+1)}\mathrm{d}x$；　(5) $\int \frac{\mathrm{d}x}{x^2-x-6}$；　(6) $\int \frac{x-1}{x^2+1}\mathrm{d}x$；

(7) $\int \frac{1}{1+4x^2}\mathrm{d}x$；　(8) $\int \frac{\mathrm{d}x}{x(x^2+1)}$；　(9) $\int \frac{x+1}{x^2-x-12}\mathrm{d}x$。

第六章　定积分及其应用

积分学的另一个重要概念是定积分。定积分的概念是从自然科学与经济学中的许多实际问题里抽象出来的。本章我们先从实际问题出发引入定积分的概念，然后介绍它的性质、计算方法及应用。

第一节　定积分的概念及性质

一、引例

例 6－1　设函数 $y=f(x)$在区间$[a,b]$上连续，且 $f(x)\geqslant 0$，则称由直线 $x=a$、$x=b$、$y=0$ 及曲线 $y=f(x)$所围成的平面图形(见图 6－1)为曲边梯形，其中曲线弧称为曲边，x 轴上对应区间$[a,b]$的线段称为底边。下面计算曲边梯形的面积。

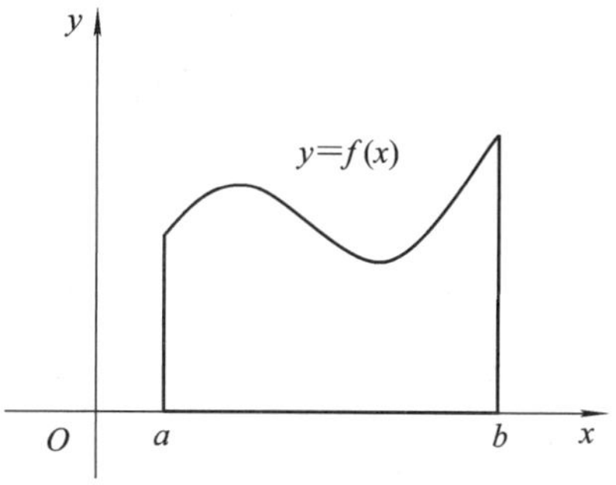

图 6－1

由于曲边梯形在底边上各点处的高 $f(x)$在区间$[a,b]$上是变动的，因此它的面积不能直接利用矩形面积公式计算。然而，由于曲边梯形的高 $f(x)$在区间$[a,b]$上是连续变化的，因此在一个很小的区间上它的变化很小，近似于不变。于是把该曲边梯形沿着 y 轴方向切割成许多窄窄的长条(小曲边梯形)，把每个小曲边梯形近似看作一个小矩形，用小矩形面积作为小曲边梯形面积的近似值，所有小矩形面积之和就是曲边梯形面积的近似值。分割越细，误差越小。当所有的小矩形宽度趋于零时，这个阶梯形面积的极限就成为曲边梯形面积的精确值了，如图 6－2 所示。

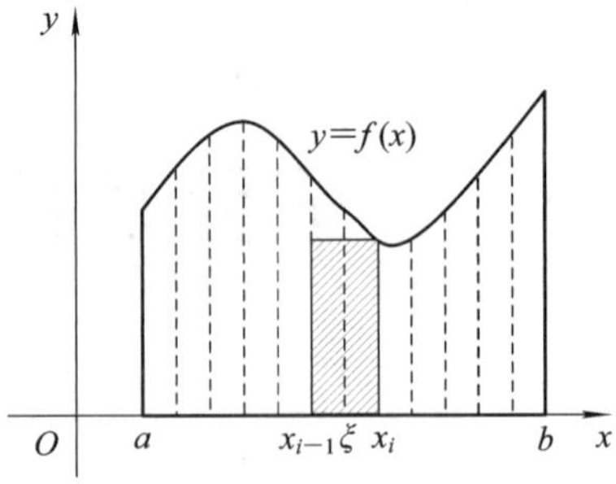

图 6-2

确定曲边梯形面积的具体步骤如下：

(1) 分割。用分点 $a=x_0<x_1<x_2<\cdots<x_{n-1}<x_n=b$ 把区间$[a, b]$任意分成 n 个小区间$[x_{i-1}, x_i]$$(i=1, 2, \cdots, n)$，每个小区间的长度记为 $\Delta x_i=x_i-x_{i-1}$ $(i=1, 2, \cdots, n)$。设 S 为曲边梯形的面积，ΔS_i 为第 i 个小曲边梯形的面积，则

$$S=\Delta S_1+\Delta S_2+\cdots+\Delta S_n=\sum_{i=1}^{n}\Delta S_i$$

(2) 取近似。在每个小区间$[x_{i-1}, x_i]$$(i=1, 2, \cdots, n)$上任取一点 ξ_i，以 Δx_i 为底、$f(\xi_i)$为高作矩形，其面积为 $f(\xi_i)\Delta x_i$，则小曲边梯形的面积 ΔS_i 的近似值为

$$\Delta S_i\approx f(\xi_i)\Delta x_i \quad (i=1, 2, \cdots, n)$$

(3) 求和。把 n 个小矩形面积相加(即阶梯形的面积)就得到曲边梯形的面积 S 的近似值，即

$$S\approx f(\xi_1)\Delta x_1+f(\xi_2)\Delta x_2+\cdots+f(\xi_n)\Delta x_n=\sum_{i=1}^{n}f(\xi_i)\Delta x_i$$

(4) 取极限。令小区间长度的最大值为 $\lambda=\max\limits_{1\leqslant i\leqslant n}\{\Delta x_i\}$，当分点数 n 无限增大，即 λ 趋于零时，近似的误差趋向于零，则和式 $\sum\limits_{i=1}^{n}f(\xi_i)\Delta x_i$ 的极限就是曲边梯形的面积 S 的精确值，即

$$S=\lim_{\lambda\to 0}\sum_{i=1}^{n}f(\xi_i)\Delta x_i$$

例 6-2 大型企业集团的收益是随时流入的，因此，这一收益可以表示为一个连续的收入流。设 $p(t)$为收入流在时刻 t 的变化率(单位：元/年)，计算从现在($t_0=0$)到 T 年内的总收入。

在处理这一问题时，考虑到时间因素，需计算这一收入的现值。设利息是以连续复利计算，从 $t_0=0$ 到 T 年内的利率为 r，则计算过程如下：

(1) 分割。用分点 $0=t_0<t_1<t_2<\cdots<t_{n-1}<t_n=T$ 把区间$[0, T]$任意分成 n 个小区间$[t_{i-1}, t_i]$$(i=1, 2, \cdots, n)$，每个小区间的长度记为 $\Delta t_i=t_i-t_{i-1}$ $(i=1, 2, \cdots, n)$。

(2) 取近似。当每个 Δt_i 都很小时，可以认为收入流的变化率在$[t_{i-1}, t_i]$上的变化不大。因此，任取 $\xi_i\in[t_{i-1}, t_i]$$(i=1, 2, \cdots, n)$，则 $p(\xi_i)$可近似当作$[t_{i-1}, t_i]$上的收入流的变化率。于是，在$[t_{i-1}, t_i]$上：收入≈收入流变化率×时间$(i=1, 2, \cdots, n)$，即

$$\Delta B_i \approx p(\xi_i)\Delta t_i \quad (i=1, 2, \cdots, n)$$

从现在 $t_0=0$ 开始，这笔收入是在第 ξ_i 年时取得的，因此，需把这笔收入折成现值。所以在$[t_{i-1}, t_i]$上收入的现值为

$$\Delta R_i \approx p(\xi_i)\Delta t_i \mathrm{e}^{-r\xi_i} \quad (i=1, 2, \cdots, n)$$

(3) 求和。把所有小区间上收入的现值相加，得到从 $t_0=0$ 到 T 年该企业总收入现值的近似值为

$$R_n=\sum_{i=1}^{n} p(\xi_i)\mathrm{e}^{-r\xi_i}\Delta t_i$$

(4) 取极限。令小区间长度的最大值为 $\lambda=\max\limits_{1\leqslant i\leqslant n}\{\Delta t_i\}$，当分点数 n 无限增大，而 λ 趋于零时，则和式 R_n 的极限就是总收入的现值 R，即

$$R=\lim_{\lambda\to 0}\sum_{i=1}^{n} p(\xi_i)\mathrm{e}^{-r\xi_i}\Delta t_i$$

从上面的两个例子可以看出，虽然问题的实际背景不同，但是解决问题的步骤都是通过“分割，取近似，求和，取极限”的方法把曲边梯形的面积转化为和式的极限，这是一种先“化整为零”再“化零为整”的方法。这就是定积分概念的实际背景，这种思想就是定积分的基本思想。

二、定积分的定义

定义 6-1　设函数 $f(x)$在区间$[a, b]$上有定义，在区间$[a, b]$上任意插入 $n-1$ 个分点

$$a=x_0<x_1<x_2<\cdots<x_{n-1}<x_n=b$$

把区间$[a, b]$分为 n 个小区间

$$[x_0, x_1], [x_1, x_2], \cdots, [x_{n-1}, x_n]$$

记每个小区间的长度为 $\Delta x_i=x_i-x_{i-1}$$(i=1, 2, \cdots, n)$。在每个小区间$[x_{i-1}, x_i]$上任取一点 $\xi_i$$(x_{i-1}\leqslant\xi_i\leqslant x_i)$，作乘积 $f(\xi_i)\Delta x_i$ 的和式：

$$S=\sum_{i=1}^{n} f(\xi_i)\Delta x_i$$

记 $\lambda = \max\limits_{1\leqslant i\leqslant n}\{\Delta x_i\}$，如果 $\lambda\to 0$ 时，和 S 总趋于确定的极限，且这个极限值与 $[a, b]$ 的分割及点 ξ_i 的取法均无关，则称函数 $f(x)$ 在区间 $[a, b]$ 上可积，此极限值称为函数 $f(x)$ 在区间 $[a, b]$ 上的定积分，记作 $\int_a^b f(x)\mathrm{d}x$，即

$$\int_a^b f(x)\mathrm{d}x = \lim_{\lambda\to 0}\sum_{i=1}^{n} f(\xi_i)\Delta x_i$$

其中 $f(x)$ 称为被积函数，$f(x)\mathrm{d}x$ 称为被积表达式，x 称为积分变量，$[a, b]$ 称为积分区间，a 称为积分下限，b 称为积分上限。

1. 定积分定义的说明

(1) 定积分表示一个数，它只与被积函数及积分区间 $[a, b]$ 有关，而与积分变量采用什么字母无关，即

$$\int_a^b f(x)\mathrm{d}x = \int_a^b f(t)\mathrm{d}t = \int_a^b f(u)\mathrm{d}u$$

(2) 定义中要求积分限 $a<b$，即积分下限小于积分上限，我们补充如下规定：

当 $a=b$ 时，$\int_a^b f(x)\mathrm{d}x = 0$；

当 $a > b$ 时，$\int_a^b f(x)\mathrm{d}x = -\int_b^a f(x)\mathrm{d}x$。

2. 定积分的存在性(两个充分条件)

定理 6-1 设 $f(x)$ 在区间 $[a, b]$ 上连续，则 $f(x)$ 在 $[a, b]$ 上可积。

定理 6-2 设 $f(x)$ 在区间 $[a, b]$ 上有界且只有有限个间断点，则 $f(x)$ 在 $[a, b]$ 上可积。

3. 定积分的几何意义

如果 $f(x)\geqslant 0$，则由曲线 $y=f(x)$，直线 $x=a$、$x=b$ 及 x 轴所围成的曲边梯形(见图 6-3)的面积 A 等于函数 $f(x)$ 在区间 $[a, b]$ 上的定积分，即

$$\int_a^b f(x)\mathrm{d}x = A$$

如果 $f(x)<0$，则由曲线 $y=f(x)$，直线 $x=a$、$x=b$ 及 x 轴所围成的曲边梯形(见图 6-4)位于 x 轴的下方，此时曲边梯形的面积 A 的负值等于函数 $f(x)$ 在区间 $[a, b]$ 上的定积分，即

$$\int_a^b f(x)\mathrm{d}x = -A$$

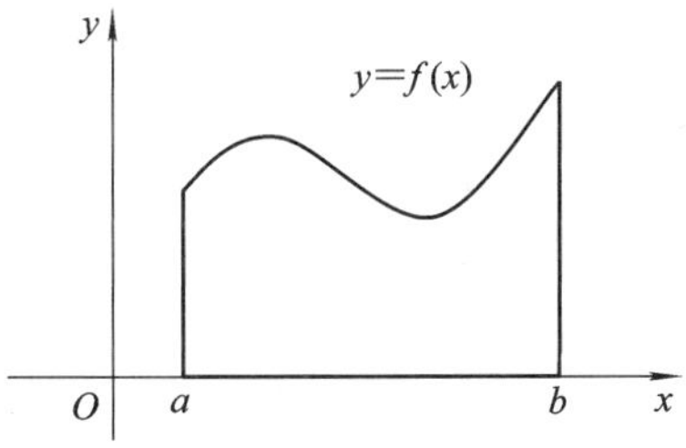

图 6－3

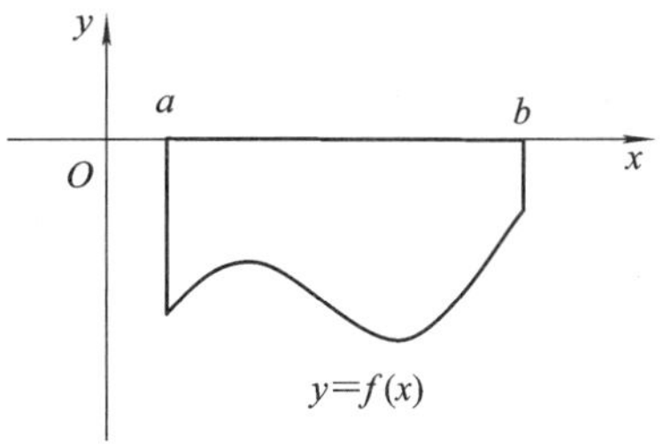

图 6－4

如果 $f(x)$ 在 $[a, b]$ 上的值有正有负，此时 $\int_a^b f(x)\mathrm{d}x$ 表示由曲线 $y=f(x)$，直线 $x=a$、$x=b$ 及 x 轴所围成的平面图形(见图 6－5)的面积的代数和，即位于 x 轴上方的面积减去位于 x 轴下方的面积，亦即

$$\int_a^b f(x)\mathrm{d}x = A_1 - A_2 + A_3$$

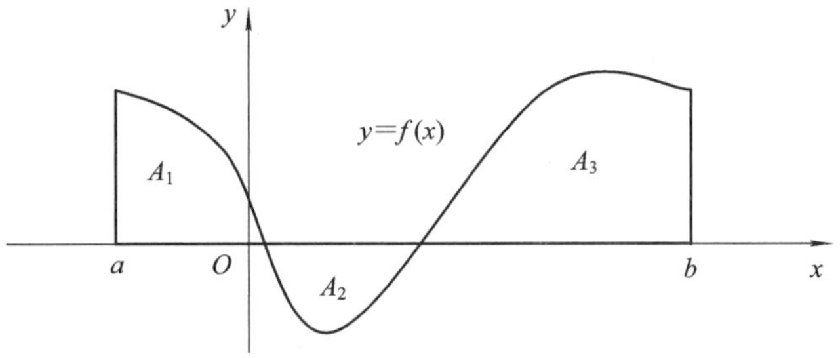

图 6－5

三、定积分的性质

性质 1 函数的和(差)的定积分等于它们定积分的和(差)，即

$$\int_a^b [f(x) \pm g(x)]\mathrm{d}x = \int_a^b f(x)\mathrm{d}x \pm \int_a^b g(x)\mathrm{d}x$$

该性质对于任意有限个函数都成立。

性质 2 被积函数的常数因子可以提到积分号外面，即

$$\int_a^b kf(x)\mathrm{d}x = k\int_a^b f(x)\mathrm{d}x \quad (k\text{ 为常数})$$

性质 3(积分区间的可加性) 如果将积分区间分成两部分，则整个区间上的定积分等于这两部分区间上定积分之和(见图 6－6，设 $a<c<b$)，即

$$\int_a^b f(x)\mathrm{d}x = \int_a^c f(x)\mathrm{d}x + \int_c^b f(x)\mathrm{d}x$$

对于 a、b、c 三点的任何其他相对位置，上述性质仍成立。

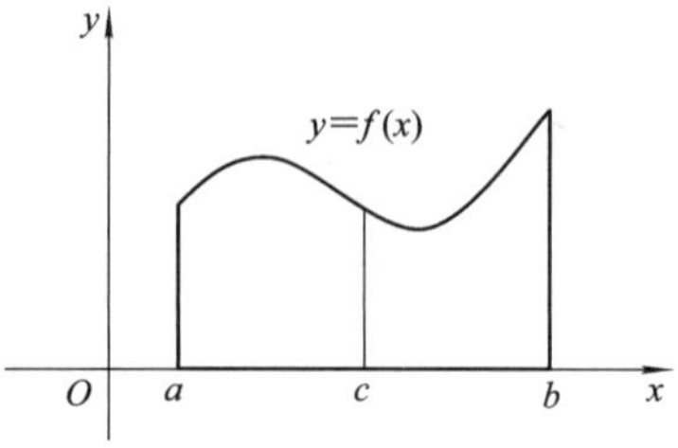

图 6-6

性质 4 如果在区间$[a, b]$上 $f(x)\equiv 1$，则

$$\int_a^b 1 \cdot \mathrm{d}x = \int_a^b \mathrm{d}x = b - a$$

性质 5(积分的比较性质) 如果在区间$[a, b]$上 $f(x)\geqslant g(x)$，则

$$\int_a^b f(x)\mathrm{d}x \geqslant \int_a^b g(x)\mathrm{d}x$$

性质 6(奇偶函数的定积分) 如果 $f(x)$在区间$[-a, a]$上连续且为奇函数，则

$$\int_{-a}^a f(x)\mathrm{d}x = 0$$

如果 $f(x)$在区间$[-a, a]$上连续且为偶函数，则

$$\int_{-a}^a f(x)\mathrm{d}x = 2\int_0^a f(x)\mathrm{d}x$$

性质 7(积分估值性质) 设 M 与 m 分别是 $f(x)$在$[a, b]$上的最大值与最小值，则

$$m(b-a) \leqslant \int_a^b f(x)\mathrm{d}x \leqslant M(b-a)$$

性质 8(积分中值定理) 若 $f(x)$在$[a, b]$上连续，则至少存在一点 $\xi\in[a, b]$，使得

$$\int_a^b f(x)\mathrm{d}x = f(\xi)(b-a)$$

这个公式称为积分中值公式。

积分中值定理的几何意义：曲边梯形的面积等于同一底边而高为 $f(\xi)$的一个矩形的面积，如图 6-7 所示。

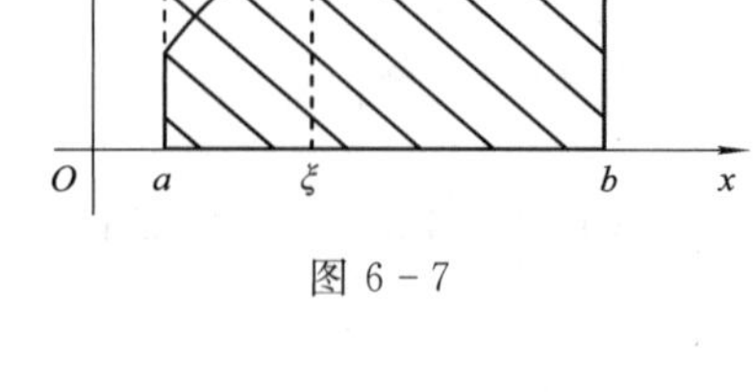

图 6-7

第二节　定积分的计算

一、微积分基本公式

定理 6－3　如果 $F(x)$是连续函数 $f(x)$在区间$[a, b]$上的一个原函数，则

$$\int_a^b f(x)\mathrm{d}x = F(b) - F(a)$$

上述公式称为牛顿-莱布尼茨公式，也称为微积分基本公式。该公式也可表示为

$$\int_a^b f(x)\mathrm{d}x = F(x)\big|_a^b = [F(x)]_a^b = F(b) - F(a)$$

牛顿-莱布尼茨公式进一步揭示了定积分与原函数或不定积分之间的联系。公式表明，一个连续函数在区间$[a, b]$上的定积分，等于它的任意一个原函数在区间$[a, b]$上的增量，即先求出被积函数 $f(x)$的任意一个原函数 $F(x)$，然后将积分上限 b、下限 a 分别代入原函数 $F(x)$中，再求 $F(b)$与 $F(a)$之差 $F(b)-F(a)$，所得的结果就是定积分的值。

例 6－3　计算 $\int_0^1 x^3\mathrm{d}x$。

解　由于 x^3 在$[0, 1]$上连续，$\frac{x^4}{4}$是 x^3 的一个原函数，因此由牛顿-莱布尼茨公式，有

$$\int_0^1 x^3\mathrm{d}x = \frac{x^4}{4}\bigg|_0^1 = \frac{1^4}{4} - \frac{0^4}{4} = \frac{1}{4}$$

例 6－4　计算 $\int_0^1 (4x^3 + \mathrm{e}^x)\mathrm{d}x$。

解　$\int_0^1 (4x^3 + \mathrm{e}^x)\mathrm{d}x = [x^4 + \mathrm{e}^x]_0^1 = (1 + \mathrm{e}) - (0 + 1) = \mathrm{e}$

例 6－5　计算$\int_0^{\frac{\pi}{2}} (2\cos x + \sin x - 1)\mathrm{d}x$。

解

$$\begin{aligned}\int_0^{\frac{\pi}{2}} (2\cos x + \sin x - 1)\mathrm{d}x &= [2\sin x - \cos x - x]_0^{\frac{\pi}{2}} \\ &= \left(2 - \frac{\pi}{2}\right) - (-1) = 3 - \frac{\pi}{2}\end{aligned}$$

如果被积函数是分段函数，在计算时就要注意在积分区间上保证函数表达式的唯一性。

例 6-6 计算$\int_0^{2\pi} |\cos x| \mathrm{d}x$。

解 $$\int_0^{2\pi} |\cos x| \mathrm{d}x = \int_0^{\frac{\pi}{2}} |\cos x| \mathrm{d}x + \int_{\frac{\pi}{2}}^{\frac{3\pi}{2}} |\cos x| \mathrm{d}x + \int_{\frac{3\pi}{2}}^{2\pi} |\cos x| \mathrm{d}x$$

$$= \int_0^{\frac{\pi}{2}} \cos x \mathrm{d}x + \int_{\frac{\pi}{2}}^{\frac{3\pi}{2}} (-\cos x) \mathrm{d}x + \int_{\frac{3\pi}{2}}^{2\pi} \cos x \mathrm{d}x$$

$$= \sin x \Big|_0^{\frac{\pi}{2}} - \sin x \Big|_{\frac{\pi}{2}}^{\frac{3\pi}{2}} + \sin x \Big|_{\frac{3\pi}{2}}^{2\pi} = 4$$

例 6-7 计算$\int_0^3 |2-x| \mathrm{d}x$。

解 $$\int_0^3 |2-x| \mathrm{d}x = \int_0^2 |2-x| \mathrm{d}x + \int_2^3 |2-x| \mathrm{d}x$$

$$= \int_0^2 (2-x) \mathrm{d}x + \int_2^3 (x-2) \mathrm{d}x$$

$$= \left[2x - \frac{1}{2}x^2\right]_0^2 + \left[\frac{1}{2}x^2 - 2x\right]_2^3 = \frac{5}{2}$$

例 6-8 已知 $f(x) = \begin{cases} 2x, & 0 \leqslant x < 1 \\ 5, & 1 \leqslant x \leqslant 2 \end{cases}$，求$\int_0^2 f(x) \mathrm{d}x$。

解 $$\int_0^2 f(x) \mathrm{d}x = \int_0^1 f(x) \mathrm{d}x + \int_1^2 f(x) \mathrm{d}x$$

$$= \int_0^1 2x \mathrm{d}x + \int_1^2 5 \mathrm{d}x$$

$$= x^2 \Big|_0^1 + 5x \Big|_1^2 = 6$$

由牛顿-莱布尼茨公式可知，计算连续函数的定积分最终归结为求它的原函数。这说明连续函数的定积分计算与不定积分计算有着密切的联系。在不定积分的计算中有换元积分法和分部积分法，因此在一定条件下也可以用这两种方法来计算定积分。

二、定积分的换元积分法

定理 6-4 设函数 $f(x)$在区间$[a, b]$上连续，而函数 $x=\varphi(t)$满足下列条件：

(1) $x=\varphi(t)$在$[\alpha, \beta]$(或$[\beta, \alpha]$)上有连续导数；

(2) $\varphi(\alpha)=a$，$\varphi(\beta)=b$，且当 t 在$[\alpha, \beta]$(或$[\beta, \alpha]$)上变化时，$x=\varphi(t)$的值在$[a, b]$上单调变化，则有换元公式：

$$\int_a^b f(x) \mathrm{d}x = \int_\alpha^\beta f[\varphi(t)]\varphi'(t) \mathrm{d}t$$

应用换元公式时应注意，在作变量代换的同时必须相应地替换积分的上限和下限，即换元必须换限。

例 6-9 计算 $\int_0^1 x\sqrt{1+x^2}\mathrm{d}x$。

解 设 $1+x^2=u$，则 $x\mathrm{d}x=\frac{1}{2}\mathrm{d}u$。当 $x=0$ 时，$u=1$；当 $x=1$ 时，$u=2$。于是

$$\int_0^1 x\sqrt{1+x^2}\mathrm{d}x=\int_1^2\sqrt{u}\cdot\frac{1}{2}\mathrm{d}u=\frac{1}{2}\left[\frac{2}{3}u^{\frac{3}{2}}\right]_1^2=\frac{2\sqrt{2}}{3}-\frac{1}{3}$$

例 6-10 计算 $\int_0^3\frac{x+2}{\sqrt{x+1}}\mathrm{d}x$。

解 设 $\sqrt{x+1}=t$，则 $x=t^2-1$，$\mathrm{d}x=2t\mathrm{d}t$。当 $x=0$ 时，$t=1$；当 $x=3$ 时，$t=2$。于是

$$\begin{aligned}\int_0^3\frac{x+2}{\sqrt{x+1}}\mathrm{d}x&=\int_1^2\frac{t^2-1+2}{t}\cdot 2t\mathrm{d}t=2\int_1^2(t^2+1)\mathrm{d}t\\&=2\left[\frac{t^3}{3}+t\right]_1^2=2\left[\left(\frac{8}{3}+2\right)-\left(\frac{1}{3}+1\right)\right]=\frac{20}{3}\end{aligned}$$

例 6-11 计算 $\int_{-1}^1\frac{x}{\sqrt{5-4x}}\mathrm{d}x$。

解 设 $\sqrt{5-4x}=t$，则 $x=\frac{5-t^2}{4}$，$\mathrm{d}x=-\frac{t}{2}\mathrm{d}t$。当 $x=-1$ 时，$t=3$；当$x=1$ 时，$t=1$。于是

$$\begin{aligned}\int_{-1}^1\frac{x}{\sqrt{5-4x}}\mathrm{d}x&=\int_3^1\frac{5-t^2}{4t}\cdot\left(-\frac{t}{2}\right)\mathrm{d}t=-\int_1^3\left(-\frac{5-t^2}{8}\right)\mathrm{d}t\\&=\frac{1}{8}\left[5t-\frac{t^3}{3}\right]_1^3=\frac{1}{8}\left[(15-9)-\left(5-\frac{1}{3}\right)\right]=\frac{1}{6}\end{aligned}$$

若应用第一类换元积分法(即凑微分法)可以求出被积函数的原函数，即可直接凑微分求出原函数，然后应用牛顿-莱布尼茨公式求出结果。这种定积分的凑微分法可以省略掉换元的步骤，如例 6-9 可以表示如下：

$$\int_0^1 x\sqrt{1+x^2}\mathrm{d}x=\frac{1}{2}\int_0^1\sqrt{1+x^2}\mathrm{d}(1+x^2)=\frac{1}{3}\left[(1+x^2)^{\frac{3}{2}}\right]_0^1=\frac{2\sqrt{2}}{3}-\frac{1}{3}$$

例 6-12 计算 $\int_0^\pi\sin 5x\mathrm{d}x$。

解 $\int_0^\pi\sin 5x\mathrm{d}x=\frac{1}{5}\int_0^\pi\sin 5x\mathrm{d}(5x)=\frac{1}{5}\left[-\cos 5x\right]_0^\pi=\frac{2}{5}$

三、定积分的分部积分法

定理 6-5 设函数 $u(x)$和 $v(x)$在区间$[a, b]$上有连续导数，则有

$$\int_a^b uv'\mathrm{d}x = \int_a^b u\mathrm{d}v = uv\Big|_a^b - \int_a^b v\mathrm{d}u$$

该公式称为定积分的分部积分公式。使用该公式时要注意，把先积出来的那一部分代入上、下限求值，余下的部分继续积分，这样做比完全把原函数求出来再代入上、下限简便一些。

例 6－13 计算 $\int_0^1 x\mathrm{e}^x\mathrm{d}x$。

解 $\int_0^1 x\mathrm{e}^x\mathrm{d}x = \int_0^1 x\mathrm{d}(\mathrm{e}^x) = x\cdot\mathrm{e}^x\Big|_0^1 - \int_0^1 \mathrm{e}^x\mathrm{d}x = \mathrm{e} - \mathrm{e}^x\Big|_0^1 = 1$

例 6－14 计算 $\int_0^{\frac{\pi}{2}} x\cos x\mathrm{d}x$。

解
$$\begin{aligned}\int_0^{\frac{\pi}{2}} x\cos x\mathrm{d}x &= \int_0^{\frac{\pi}{2}} x\mathrm{d}(\sin x) = x\sin x\Big|_0^{\frac{\pi}{2}} - \int_0^{\frac{\pi}{2}}\sin x\mathrm{d}x \\ &= \frac{\pi}{2} - [-\cos x]_0^{\frac{\pi}{2}} = \frac{\pi}{2} - 1\end{aligned}$$

例 6－15 计算 $\int_1^{\mathrm{e}} x\ln x\mathrm{d}x$。

解
$$\begin{aligned}\int_1^{\mathrm{e}} x\ln x\mathrm{d}x &= \frac{1}{2}\int_1^{\mathrm{e}}\ln x\mathrm{d}(x^2) = \left[\frac{x^2}{2}\ln x\right]_1^{\mathrm{e}} - \frac{1}{2}\int_1^{\mathrm{e}} x\mathrm{d}x \\ &= \frac{\mathrm{e}^2}{2} - \frac{1}{2}\cdot\frac{1}{2}x^2\Big|_1^{\mathrm{e}} = \frac{1}{4}\mathrm{e}^2 + \frac{1}{4}\end{aligned}$$

例 6－16 计算 $\int_0^1 \mathrm{e}^{\sqrt{x}}\mathrm{d}x$。

解
$$\begin{aligned}\int_0^1 \mathrm{e}^{\sqrt{x}}\mathrm{d}x &\xlongequal{t=\sqrt{x}} 2\int_0^1 t\mathrm{e}^t\mathrm{d}t = 2\int_0^1 t\mathrm{d}(\mathrm{e}^t) = 2\left(t\mathrm{e}^t\Big|_0^1 - \int_0^1 \mathrm{e}^t\mathrm{d}t\right) \\ &= 2(\mathrm{e} - \mathrm{e}^t\Big|_0^1) = 2\end{aligned}$$

四、积分区间是无限区间的广义积分

在实际问题的应用中，还会遇到有些定积分的积分区间是无限区间，在这种情况下需要对定积分的定义加以推广，我们称之为广义积分。

定义 6－2 设函数 $f(x)$ 在 $[a, +\infty)$ 上连续，取 $b>a$，我们把极限 $\lim\limits_{b\to+\infty}\int_a^b f(x)\mathrm{d}x$ 称为 $f(x)$ 在无限区间 $[a, +\infty)$ 上的广义积分，记为

$$\int_a^{+\infty} f(x)\mathrm{d}x = \lim_{b\to+\infty}\int_a^b f(x)\mathrm{d}x$$

若极限存在，则称广义积分 $\int_a^{+\infty} f(x)\mathrm{d}x$ 收敛；若极限不存在，则称广义积分 $\int_a^{+\infty} f(x)\mathrm{d}x$ 发散。

类似地，设函数 $f(x)$ 在 $(-\infty, b]$ 上连续，可定义 $f(x)$ 在无限区间 $(-\infty, b]$ 上的广义积分为

$$\int_{-\infty}^{b} f(x)\mathrm{d}x = \lim_{a\to-\infty}\int_{a}^{b} f(x)\mathrm{d}x$$

若极限存在，则称广义积分 $\int_{-\infty}^{b} f(x)\mathrm{d}x$ 收敛；若极限不存在，则称广义积分 $\int_{-\infty}^{b} f(x)\mathrm{d}x$ 发散。

设函数 $f(x)$ 在 $(-\infty, +\infty)$ 上连续，可定义 $f(x)$ 在无限区间 $(-\infty, +\infty)$ 上的广义积分为

$$\int_{-\infty}^{+\infty} f(x)\mathrm{d}x = \int_{-\infty}^{c} f(x)\mathrm{d}x + \int_{c}^{+\infty} f(x)\mathrm{d}x = \lim_{a\to-\infty}\int_{a}^{c} f(x)\mathrm{d}x + \lim_{b\to+\infty}\int_{c}^{b} f(x)\mathrm{d}x$$

其中 c 为任意实数(譬如取 $c=0$)。当上式等号右端两个广义积分都收敛时，广义积分 $\int_{-\infty}^{+\infty} f(x)\mathrm{d}x$ 才是收敛的，否则是发散的。

按照无限区间的广义积分定义，它是定积分的极限，因此应先求定积分，再求极限。

若 $F(x)$ 是 $f(x)$ 的一个原函数，则有

$$\int_{a}^{+\infty} f(x)\mathrm{d}x = F(x)\Big|_{a}^{+\infty} = \lim_{x\to+\infty}F(x) - F(a)$$

$$\int_{-\infty}^{b} f(x)\mathrm{d}x = F(x)\Big|_{-\infty}^{b} = F(b) - \lim_{x\to-\infty}F(x)$$

$$\int_{-\infty}^{+\infty} f(x)\mathrm{d}x = F(x)\Big|_{-\infty}^{+\infty} = \lim_{x\to+\infty}F(x) - \lim_{x\to-\infty}F(x)$$

例 6-17 计算广义积分 $\int_{0}^{+\infty} \mathrm{e}^{-x}\mathrm{d}x$。

解 $\int_{0}^{+\infty} \mathrm{e}^{-x}\mathrm{d}x = -\mathrm{e}^{-x}\Big|_{0}^{+\infty} = -(\lim_{x\to+\infty}\mathrm{e}^{-x} - \mathrm{e}^{0}) = -(0-1) = 1$

该广义积分值的几何意义是：当 $b\to+\infty$ 时，虽然图 6-8 中阴影部分向右无限延伸，但是其面积却是有限值 1，即表示位于 y 轴右侧、曲线 $y=\mathrm{e}^{-x}$ 下方、

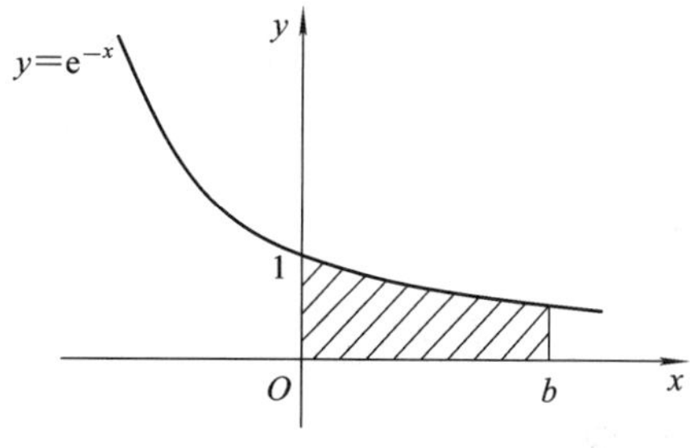

图 6-8

x 轴上方的图形面积。

例 6－18 讨论广义积分 $\int_2^{+\infty}\frac{\mathrm{d}x}{x\ln x}$ 的敛散性。

解 $\int_2^{+\infty}\frac{\mathrm{d}x}{x\ln x}=\int_2^{+\infty}\frac{\mathrm{d}(\ln x)}{\ln x}=[\ln|\ln x|]_2^{+\infty}=\lim\limits_{x\to+\infty}\ln|\ln x|-\ln\ln 2$

由于 $\lim\limits_{x\to+\infty}\ln|\ln x|$ 不存在，因此 $\int_2^{+\infty}\frac{\mathrm{d}x}{x\ln x}$ 发散。

例 6－19 计算广义积分 $\int_0^{+\infty}x\mathrm{e}^{-x}\mathrm{d}x$。

解 $\int_0^{+\infty}x\mathrm{e}^{-x}\mathrm{d}x=-\int_0^{+\infty}x\mathrm{d}(\mathrm{e}^{-x})=-x\mathrm{e}^{-x}\Big|_0^{+\infty}+\int_0^{+\infty}\mathrm{e}^{-x}\mathrm{d}x$

$$=\int_0^{+\infty}\mathrm{e}^{-x}\mathrm{d}x=-\mathrm{e}^{-x}\Big|_0^{+\infty}=1$$

第三节　定积分的应用

一、定积分应用的微元法

1. 用定积分计算的量的特点

（1）实际问题中的所求量（设为 F）与一个给定区间$[a, b]$有关，且在该区间上具有可加性，也就是说，F 是确定于$[a, b]$上的整体量，当把$[a, b]$分成许多小区间时，整体量等于各部分量之和，即

$$F=\sum_{i=1}^{n}F_i$$

（2）所求量 F 在区间$[a, b]$上的分布是不均匀的，也就是说，F 的值与区间$[a, b]$的长不成正比（否则，F 使用初等方法即可求得，而无需使用积分方法）。

2. 定积分应用的微元法

用定积分概念解决实际问题的步骤如下：

（1）根据实际问题，确定所求量 F，选取一个变量 x 为积分变量，并确定它的变化区间$[a, b]$。所求量 F 与变量 x 的变化区间$[a, b]$有关，且关于区间$[a, b]$具有可加性，将所求量 F 分为部分量之和，即

$$F=\sum_{i=1}^{n}\Delta F_i$$

（2）在区间$[a, b]$上任取一个小区间$[x, x+\mathrm{d}x]$，然后找出在这个小区间上的部分量 ΔF_i 的近似值 $\Delta F_i\approx f(\xi_i)\Delta x_i(i=1, 2, \cdots, n)$，记为

$$dF = f(x)dx$$

(3) 求和得到整体量 F 的近似值，即

$$F = \sum_{i=1}^{n} \Delta F_i \approx \sum_{i=1}^{n} f(\xi_i)\Delta x_i$$

(4) 取 $\lambda = \max\{\Delta x_i\} \to 0$ 时的极限，得

$$F = \lim_{\lambda \to 0} \sum_{i=1}^{n} f(\xi_i)\Delta x_i = \int_a^b f(x)dx$$

即微元 dF 在$[a, b]$上积分(无限累加)，得到所求量的积分表达式

$$F = \int_a^b f(x)dx$$

这种方法称为微元法。$dF = f(x)dx$ 称为 F 的微元。

下面应用这种方法讨论一些几何、经济中的问题。

二、利用定积分计算平面图形的面积

在平面直角坐标系下，设图形是由两条曲线 $y = f_1(x)$、$y = f_2(x)$(其中 $f_1(x)$和 $f_2(x)$在区间$[a, b]$上连续，且 $f_1(x) \leqslant f_2(x)$)及直线 $x = a$、$x = b$ 所围成的(见图 6-9)，我们来求它的面积 A。

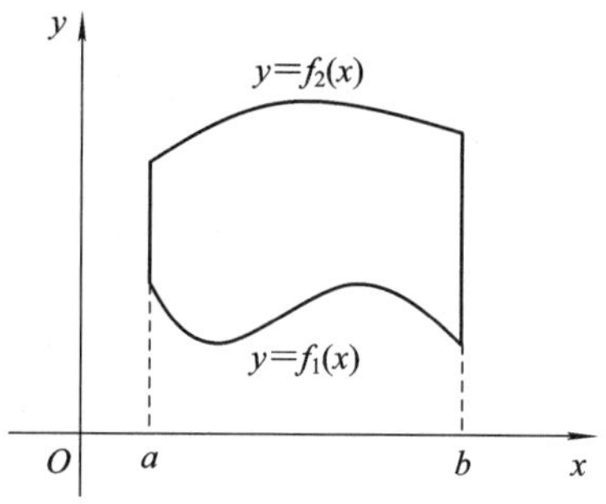

图 6-9

根据定积分的微元法，取 x 为积分变量，它的变化区间为$[a, b]$，在该区间上任取一个小区间$[x, x+dx]$，与它所对应的小窄曲边形的面积 ΔA 近似等于高为 $f_2(x) - f_1(x)$、底为 dx 的窄矩形的面积，从而得到面积微元 dA，即 $dA = [f_2(x) - f_1(x)]dx$，于是

$$A = \int_a^b [f_2(x) - f_1(x)]dx \tag{6-1}$$

类似地，求由两条曲线 $x = \varphi_1(y)$、$x = \varphi_2(y)$(其中 $\varphi_1(y)$和 $\varphi_2(y)$在区间$[c, d]$上连续，且 $\varphi_1(y) \leqslant \varphi_2(y)$)及直线 $y = c$、$y = d$ 所围成的图形的面积 A(见图 6-10)。取 y 为积分变量，它的变化区间为$[c, d]$，在该区间上任取一个

小区间$[y, y+dy]$，与它所对应的小窄曲边梯形的面积 ΔA 近似等于高为 $\varphi_2(y)-\varphi_1(y)$、底为 dy 的窄矩形的面积，从而得到面积微元 dA，即 $dA=[\varphi_2(y)-\varphi_1(y)]dy$，于是

$$A=\int_c^d[\varphi_2(y)-\varphi_1(y)]dy \tag{6-2}$$

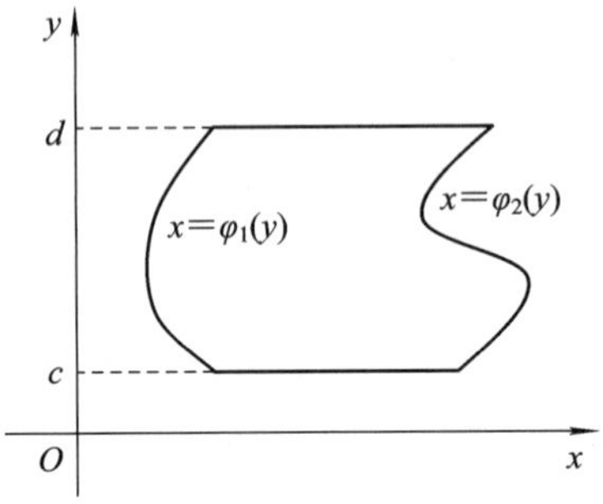

图 6-10

例 6-20 求由直线 $y=2x+3$ 及抛物线 $y=x^2$ 所围成的图形的面积。

解 作出图形简图(见图 6-11)。解方程组$\begin{cases}y=2x+3\\y=x^2\end{cases}$，得交点坐标为$(-1, 1)$和$(3, 9)$。取 x 为积分变量，x 的变化范围为$[-1, 3]$，于是由公式(6-1)得

$$A=\int_{-1}^3(2x+3-x^2)dx=\left[x^2+3x-\frac{x^3}{3}\right]_{-1}^3$$
$$=9+9-9-\left(1-3+\frac{1}{3}\right)=\frac{32}{3}$$

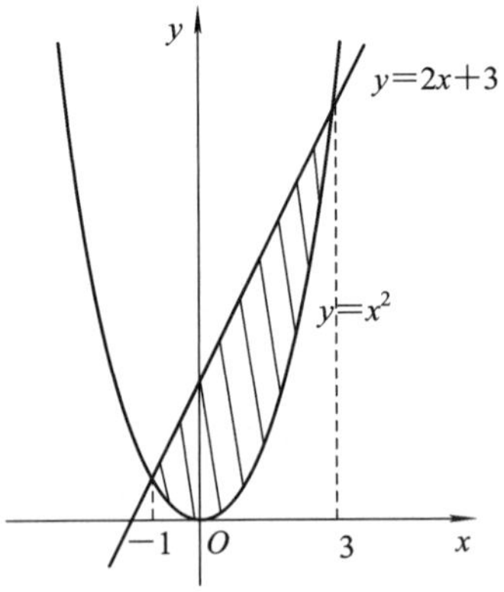

图 6-11

例 6-21 求由抛物线 $y^2=2x$ 及直线 $y=x-4$ 所围成的图形的面积。

解 作出图形简图(见图 6-12)。解方程组$\begin{cases}y^2=2x\\y=x-4\end{cases}$，得交点坐标为

(2，−2)和(8，4)。取 y 为积分变量，y 的变化范围为[−2，4]，于是由公式(6-2)得

$$A=\int_{-2}^{4}\left[(y+4)-\frac{1}{2}y^2\right]\mathrm{d}y=\left[\frac{1}{2}y^2+4y-\frac{1}{6}y^3\right]_{-2}^{4}=18$$

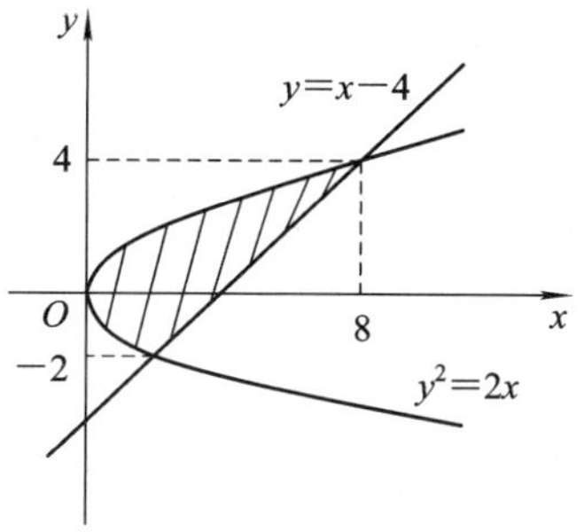

图 6-12

三、定积分在经济中的应用

1. 已知边际函数求总函数

例 6-22 某工厂生产的某产品总产量的变化率是 $q(t)=40+12t$(单位/小时)，求从 $t=2$ 到 $t=10$ 这个时间段内的总产量。

解 由题意可知，积分变量是时间 t，积分区间是[2，10]。在区间[2，10]上任取一个小区间$[t, t+\mathrm{d}t]$，与它相应的产品产量近似等于产量变化率 $q(t)$与时间间隔 $\mathrm{d}t$ 的乘积，从而产量微元为

$$\mathrm{d}Q=q(t)\mathrm{d}t=(40+12t)\mathrm{d}t$$

因此，所求时间段内的总产量为

$$Q=\int_{2}^{10}q(t)\mathrm{d}t=\int_{2}^{10}(40+12t)\mathrm{d}t=\left[40t+6t^2\right]_{2}^{10}=896\ (\text{单位})$$

即从 $t=2$ 到 $t=10$ 这个时间段内的总产量为 896 单位。

类似地，利用定积分的微元法可以得出一些常用的公式：

(1) 已知某产品总产量的变化率 $q(t)$，则从时间 $t=a$ 到 $t=b$ $(a<b)$该产品的总产量为

$$Q=\int_{a}^{b}q(t)\mathrm{d}t$$

(2) 已知某产品的边际成本 $C'(x)$，则产量 x 从 a 到 b 所需的总成本为

$$C=\int_{a}^{b}C'(x)\mathrm{d}x$$

(3) 已知某产品的边际收益 $R'(x)$，则销售 N 个单位的产品的总收益为

$$R = \int_0^N R'(x)\mathrm{d}x$$

(4) 已知某产品的边际利润 $L'(x)$，则产量 x 从 a 到 b 的总利润为

$$L = \int_a^b L'(x)\mathrm{d}x$$

例 6－23 已知生产某产品的边际成本函数为 $C'(x)=3x^2-14x+100$(元)，固定成本为 $C(0)=10\ 000$(元)，求生产 100 件产品的总成本。

解 由题意知，积分变量是 x，积分区间是[0，100]，因此

$$\begin{aligned} C &= 10\ 000 + \int_0^{100}(3x^2-14x+100)\mathrm{d}x \\ &= 10\ 000 + [x^3-7x^2+100x]_0^{100} \\ &= 950\ 000\ (\text{元}) \end{aligned}$$

即生产 100 件产品的总成本为 95 万元。

例 6－24 设生产某产品的边际成本函数为 $C'(x)=100+2x$(元)，固定成本为 1000 元，产品单价为 500 元。假设生产出的产品能全部销售，问产量为多少时利润最大，并求出最大利润。

解 首先求总成本函数，得

$$C(x) = \int(100+2x)\mathrm{d}x = 100x + x^2 + C$$

由固定成本为 1000 元知 $C=1000$，即总成本函数为

$$C(x) = \int(100+2x)\mathrm{d}x = 100x + x^2 + 1000$$

而总收益函数为 $R(x)=500x$，所以总利润函数为

$$L(x) = R(x) - C(x) = 400x - x^2 - 1000$$

从而边际利润函数为 $L'(x)=400-2x$。令 $L'(x)=0$，得 $x=200$，又因为 $L''(200)<0$，所以此时利润最大，最大利润为

$$L(200) = 400\times200 - 1000 + (200)^2 = 39\ 000\ (\text{元})$$

即产量为 200 件时利润最大，最大利润为 39 000 元。

2. 收益流的现值与未来值

若某公司的收益是连续获得的，则其收益可以被看作是一种随时间连续变化的收益流，而收益流对事件的变化率称为收益流量。收益流量实际上是一种速率，一般用 $R(t)$表示，若时间 t 以年为单位，收益以元为单位，则收益流量的单位为“元/年”，时间 t 一般从现在开始计算。若 $R(t)$为常数，则称该收益流具有均匀收益流量。在讨论连续收益流时，为了简单起见，假设以连续复利 r 计息。

设一笔收益流的收益流量为 $R(t)$(元/年)，下面计算其现值及将来值。

考虑从现在开始($t=0$)到 T 年后这一时间段，利用微元法，在区间$[0, T]$内，任取一小区间$[t, t+\mathrm{d}t]$，在该小区间内将 $R(t)$近似看作常数，则应获得的金额近似等于 $R(t)\mathrm{d}t$(元)。

从现在($t=0$)起计算现值，这一金额 $R(t)\mathrm{d}t$ 是在 t 年后的将来获得的，则收益流的现值为 $R(t)\mathrm{e}^{-rt}\mathrm{d}t$，从而总现值为

$$R_0 = \int_0^T R(t)\mathrm{e}^{-rt}\mathrm{d}t$$

若计算将来值，这笔金额 $R(t)\mathrm{d}t$ 在以后的($T-t$)年内获得，则收益流的将来值为 $R(t)\mathrm{e}^{r(T-t)}\mathrm{d}t$，从而总将来值为

$$R_T = \int_0^T R(t)\mathrm{e}^{r(T-t)}\mathrm{d}t$$

例 6-25 假设以年连续复利率 $r=0.1$ 计息，求收益流量为 100 元/年的收益流在 20 年期间的现值和将来值。

解 由题意可知收益流量为 $R(t)=100$ (元/年)，$T=20$，于是现值为

$$R_0 = \int_0^{20} 100\mathrm{e}^{-0.1t}\mathrm{d}t = \left[-1000\mathrm{e}^{-0.1t}\right]_0^{20} = 1000(1-\mathrm{e}^{-2}) \approx 864.66 \text{ (元)}$$

将来值为

$$R_T = \int_0^{20} 100\mathrm{e}^{0.1(20-t)}\mathrm{d}t = \int_0^{20} 100\mathrm{e}^2 \cdot \mathrm{e}^{-0.1t}\mathrm{d}t$$

$$= \left[-1000\mathrm{e}^2\mathrm{e}^{-0.1t}\right]_0^{20} = 1000\mathrm{e}^2(1-\mathrm{e}^{-2}) \approx 6389.06 \text{ (元)}$$

例 6-26 某公司投资 100 万元建成一条生产线，并于一年后取得经济效益，年收入为 30 万元，设银行年利率为 10%，问公司多少年后收回投资?

解 设 T 年后可收回投资，投资收回期应是总收入的现值等于总投资的现值的时间长度，因此有

$$\int_0^T 30\mathrm{e}^{-0.1t}\mathrm{d}t = 100$$

即

$$30(1-\mathrm{e}^{-0.1T}) = 100$$

解得 $T\approx 4.055$，即在投资后的 4.055 年内可收回投资。

习　题　六

1. 已知 $\int_1^3 k\mathrm{d}x = 6$，求 k 的值。

2. 根据函数的奇偶性计算下列定积分：

(1) $\int_{-1}^{1} x^3 \mathrm{d}x$；　　(2) $\int_{-2}^{2} \sin x \mathrm{d}x$。

3. 计算下列定积分：

(1) $\int_0^1 5\mathrm{e}^x \mathrm{d}x$；　　(2) $\int_1^2 (3x^2 - x + 1)\mathrm{d}x$；

(3) $\int_1^2 \left(x^2 + \frac{1}{x^2}\right)\mathrm{d}x$；　　(4) $\int_0^{2\pi} |\sin x| \mathrm{d}x$；

(5) $\int_0^2 |1 - x| \mathrm{d}x$；　　(6) $\int_0^5 |x^2 - 3x + 2| \mathrm{d}x$；

(7) 已知 $f(x) = \begin{cases} 1 - x, & 0 \leqslant x < 1 \\ 2x + 1, & 1 \leqslant x \leqslant 2 \end{cases}$，求$\int_0^2 f(x)\mathrm{d}x$。

4. 利用换元法计算下列定积分：

(1) $\int_1^2 \frac{x}{1 + x^2}\mathrm{d}x$；　　(2) $\int_0^1 x\mathrm{e}^{-\frac{x^2}{2}}\mathrm{d}x$；

(3) $\int_0^{\frac{3}{4}} \frac{x}{\sqrt{1 - x}}\mathrm{d}x$；　　(4) $\int_1^4 \frac{\mathrm{d}x}{1 + \sqrt{x}}$。

5. 利用分部积分法计算下列定积分：

(1) $\int_0^1 x\mathrm{e}^{-x}\mathrm{d}x$；　　(2) $\int_0^{\frac{\pi}{2}} x\sin x \mathrm{d}x$；　　(3) $\int_0^{\pi} x\cos 2x \mathrm{d}x$；

(4) $\int_1^{\mathrm{e}} \ln x \mathrm{d}x$；　　(5) $\int_1^{\mathrm{e}} x^2 \ln x \mathrm{d}x$；　　(6) $\int_0^{\frac{\pi}{2}} \mathrm{e}^{2x}\cos x \mathrm{d}x$。

6. 求下列广义积分，并判断敛散性：

(1) $\int_1^{+\infty} \frac{1}{x}\mathrm{d}x$；　　(2) $\int_1^{+\infty} \frac{1}{\sqrt{x}}\mathrm{d}x$。

7. 求由下列曲线所围成的图形的面积：

(1) $y = x + 6$ 与 $y = x^2$；　　(2) $y = x + 1$ 与 $y = x^2 - 1$；

(3) $y = \frac{1}{x}$ 与直线 $y = x$、$x = 2$；　　(4) $y = 3 - x^2$ 与 $y = 2x$。

8. 已知某产品在时刻 t 时，总产量的变化率是 $q(t) = 160 + 12t$（单位 / 小时），求从$t = 2$ 到 $t = 4$ 这两个小时的总产量。

9. 已知销售某商品的利润 L 是销售量 x 的函数，且边际利润 $L'(x) = 12 - \frac{x}{80}$（元）。求：

(1) 销售 40 个单位商品时的利润；

(2) 继续再销售 40 个单位商品时的利润。

10. 假设以年连续复利率 $r = 0.2$ 计息，求收益流量为 150 元 / 年的收益流在 10 年期间的现值和将来值。

第七章　微分方程

在经济学等很多领域中，常常需要确定变量之间的函数关系。很多时候必须建立包含这些函数本身以及这些函数的导数或微分的方程，才能确定这些函数关系，这样的方程就是微分方程。微分方程的应用十分广泛，可以解决许多与导数有关的问题。本章主要介绍微分方程的基本概念，学习一阶微分方程的解法，以及微分方程在经济方面的应用。

第一节　微分方程的基本概念

下面我们通过两个例子来说明微分方程的一些基本概念。

例 7-1　某曲线过点(1，2)，且该曲线上任意一点 $M(x, y)$处的切线的斜率为 $3x^2$，求该曲线的方程。

解　设所求曲线的方程为 $y=y(x)$。根据导数的几何意义可知，该未知函数满足关系式：

$$\frac{dy}{dx} = 3x^2$$

且满足条件：$y|_{x=1}=2$。

方程两端积分，得

$$y = \int 3x^2 dx = x^3 + C \quad (C\text{是任意常数})$$

将条件 $y|_{x=1}=2$ 代入上式，得 $2=1^3+C$，从而解得 $C=1$。

因此所求曲线方程为

$$y = x^3 + 1$$

定义 7-1　含自变量、未知函数和未知函数的导数(或微分)的方程称为微分方程。

如果在微分方程中出现的未知函数是一元函数(即只含一个自变量)，则称这个方程为常微分方程，也可以简单地称其为微分方程；如果在微分方程中出现的未知函数是多元函数，则称之为偏微分方程。本章只讨论常微分方程。

定义 7-2　出现在微分方程中的未知函数的最高阶导数(或微分)的阶数，称为微分方程的阶。

一阶微分方程的表达通式为

$$F(x,\ y,\ y')=0 \quad 或 \quad y'=f(x,\ y)$$

定义 7－3 若微分方程中出现的未知函数及其导数的次数均为一次，则称之为线性微分方程；否则，称之为非线性微分方程。

如例 7－1 中的微分方程是一阶线性微分方程，而 $y'=3y^2-e^x\sin x$ 是一阶非线性微分方程。

定义 7－4 代入微分方程后，能使方程成为恒等式的函数称为微分方程的解。

定义 7－5 若微分方程的解中含有任意常数，且任意常数的个数与微分方程的阶数相同，则称之为微分方程的通解。不含任意常数的解称为微分方程的特解。

例如，$y=2e^x$ 和 $y=e^x$ 是微分方程 $y'=y$ 的两个特解，而当 C 是任意常数时，$y=Ce^x$ 是微分方程 $y'=y$ 的通解。

例 7－2 验证 $y=\frac{\sin x}{x}$是微分方程 $xy'+y=\cos x$ 的解。

解 对 $y=\frac{\sin x}{x}$求导，得

$$y'=\frac{x\cos x-\sin x}{x^2}$$

将上面两个表达式代入微分方程 $xy'+y=\cos x$，得

$$x\cdot\frac{x\cos x-\sin x}{x^2}+\frac{\sin x}{x}=\cos x$$

方程成为恒等式，因此函数 $y=\frac{\sin x}{x}$是微分方程 $xy'+y=\cos x$ 的解。

定义 7－6 要得到微分方程的特解，需要给定一些条件，用来确定通解中的任意常数，这些条件统称为微分方程的定解条件。微分方程与定解条件一起称为微分方程的定解问题。

定义 7－7 一类重要的定解条件是给定微分方程中的未知函数及其各阶导数在某一点处的取值，这种定解条件称为微分方程的初始条件。带有初始条件的微分方程称为微分方程的初值问题。

一阶微分方程的初值问题为

$$\begin{cases} y'=f(x,\ y) \\ y\big|_{x=x_0}=y_0 \end{cases}$$

其中 x_0和 y_0都是给定的值。

定义 7－8 微分方程的特解的图像是一条曲线，称为微分方程的积分

曲线。

一阶微分方程初值问题的几何意义是：求微分方程通过点(x_0, y_0)的那条积分曲线。

第二节　一阶微分方程

一阶微分方程

$$y' = f(x, y)$$

也可以写成如下的形式：

$$P(x, y)\mathrm{d}x + Q(x, y)\mathrm{d}y = 0$$

或

$$\frac{\mathrm{d}y}{\mathrm{d}x} = -\frac{P(x, y)}{Q(x, y)} \quad (Q(x, y) \neq 0)$$

本节讨论两种特殊的一阶微分方程的解法。

一、可分离变量的微分方程

定义 7-9　形式为

$$\frac{\mathrm{d}y}{\mathrm{d}x} = f(x)g(y) \tag{7-1}$$

的一阶微分方程称为可分离变量的微分方程，其中 $f(x)$和 $g(y)$都是连续函数。

可分离变量的微分方程的求解过程如下：

首先，分离变量，即把方程(7-1)中的变量 x 和 y 分别置于等号两端，得

$$\frac{1}{g(y)}\mathrm{d}y = f(x)\mathrm{d}x$$

这种形式称为已分离变量的微分方程。

然后，两端积分，得

$$\int \frac{1}{g(y)}\mathrm{d}y = \int f(x)\mathrm{d}x$$

设 $\Phi(y)$是$\frac{1}{g(y)}$的一个原函数，$F(x)$是 $f(x)$的一个原函数，则微分方程(7-1)的通解为

$$\Phi(y) = F(x) + C$$

例 7-3　求微分方程$\frac{\mathrm{d}y}{\mathrm{d}x}=2xy$ 的通解。

解　此方程是可分离变量的微分方程。分离变量，得

$$\frac{1}{y}\mathrm{d}y = 2x\mathrm{d}x$$

两端积分

$$\int \frac{1}{y}\mathrm{d}y = \int 2x\mathrm{d}x$$

得

$$\ln|y| = x^2 + C_1$$

从而

$$y = \pm e^{x^2+C_1} = \pm e^{C_1} e^{x^2}$$

由于$\pm e^{C_1}$仍是任意常数，因此可令$C=\pm e^{C_1}$，于是方程的通解为

$$y = Ce^{x^2}$$

例 7－4 求微分方程$y'\cdot y+x=0$满足$y|_{x=3}=4$的特解。

解 方程可分离变量为

$$y\mathrm{d}y = -x\mathrm{d}x$$

两端积分，得

$$\frac{1}{2}y^2 = -\frac{1}{2}x^2 + C_1$$

令$C=2C_1$，则原方程的通解为

$$x^2 + y^2 = C$$

将初始条件$y|_{x=3}=4$代入$x^2+y^2=C$中，得到$C=25$，所以原方程的特解为

$$x^2 + y^2 = 25$$

例 7－5 在商品的销售预测中，销售量x是时间t的函数，即$x=x(t)$。如果商品销售的增长速度与销售量x和销售接近饱和程度$\alpha-x$之积成正比，求销售函数$x=x(t)$。

解 商品销售的增长速度即销售量对时间的变化率$\frac{\mathrm{d}x}{\mathrm{d}t}$，于是

$$\frac{\mathrm{d}x}{\mathrm{d}t} = kx(\alpha - x) \quad (k\text{ 是比例常数})$$

分离变量，得

$$\frac{1}{x(\alpha - x)}\mathrm{d}x = k\mathrm{d}t$$

两端积分

$$\int\left(\frac{1}{x} + \frac{1}{\alpha - x}\right)\mathrm{d}x = \alpha k\int \mathrm{d}t$$

得

$$\ln|x|-\ln|\alpha-x|=\alpha kt+C_1$$

整理，得

$$\frac{x}{\alpha-x}=\pm e^{\alpha kt+C_1}，即\ x=\frac{\alpha}{\pm e^{-\alpha kt-C_1}+1}$$

令 $C=\pm e^{-C_1}$，则销售函数为

$$x=\frac{\alpha}{Ce^{-\alpha kt}+1}$$

例 7－6 已知某种商品的价格 p 对时间 t 的变化率与需求和供给之差成正比，设需求函数为 $f(p)=4p-p^2$，供给函数为 $g(p)=2p+1$，当 $t=0$ 时，$p=2$。试求价格关于时间的函数 $p(t)$。

解 由题意列出方程：

$$\begin{cases}\dfrac{dp}{dt}=k[(4p-p^2)-(2p+1)]\\ p|_{t=0}=2\end{cases}$$

分离变量，得

$$\frac{1}{2p-p^2-1}dp=kdt$$

两边积分，得

$$\frac{1}{p-1}=kt+C$$

整理，得

$$p=\frac{1}{kt+C}+1$$

又 $p|_{t=0}=2$，所以 $C=1$。

因此，价格关于时间的函数为

$$p(t)=\frac{1}{kt+1}+1$$

二、一阶线性微分方程

定义 7－10 形式为

$$\frac{dy}{dx}+P(x)y=Q(x) \tag{7-2}$$

的微分方程称为一阶线性微分方程。

当 $Q(x)=0$ 时，称方程(7－2)是齐次的；当 $Q(x)\neq 0$ 时，称方程(7－2)是非齐次的。

设方程(7－2)中 $Q(x)\neq 0$，若把 $Q(x)$ 换为零，则有

$$\frac{dy}{dx}+P(x)y=0 \tag{7-3}$$

方程(7－3)称为对应于方程(7－2)的齐次线性微分方程。

这里，我们直接给出一阶非齐次线性微分方程(7－2)的通解公式：

$$y=e^{-\int P(x)dx}\left(\int Q(x)e^{\int P(x)dx}dx+C\right) \tag{7-4}$$

将其改写成两项之和，即

$$y=Ce^{-\int P(x)dx}+e^{-\int P(x)dx}\int Q(x)e^{\int P(x)dx}dx \tag{7-5}$$

注意：这里的记号$\int P(x)dx$表示$P(x)$的某个确定的原函数。

式(7－5)右端第一项是对应的齐次线性微分方程(7－3)的通解，第二项是非齐次线性微分方程(7－2)的一个特解。所以，一阶非齐次线性微分方程的通解是由对应的齐次线性微分方程的通解与非齐次线性微分方程的一个特解之和构成的。

例 7－7 求微分方程 $x\frac{dy}{dx}+y=\cos x$ 的通解。

解 这是一个一阶非齐次线性微分方程，将方程两边同除以 x，得

$$\frac{dy}{dx}+\frac{y}{x}=\frac{\cos x}{x}$$

此时 $P(x)=\frac{1}{x}$，$Q(x)=\frac{\cos x}{x}$，将其代入公式(7－4)，得原方程的通解为

$$\begin{aligned}y&=e^{-\int\frac{1}{x}dx}\left(\int\frac{\cos x}{x}e^{\int\frac{1}{x}dx}dx+C\right)\\&=\frac{1}{|x|}\left(\int\frac{\cos x}{x}\cdot|x|\,dx+C\right)\\&=\frac{1}{x}\left(\int\cos x dx+C\right)\\&=\frac{\sin x+C}{x}\end{aligned}$$

即

$$y=\frac{\sin x+C}{x}$$

例 7－8 求微分方程$\frac{dy}{dx}-\frac{2y}{x+1}=(x+1)^3$ 的通解。

解 此时 $P(x)=-\frac{2}{x+1}$，$Q(x)=(x+1)^3$，将其代入公式(7－4)，得原方程的通解为

$$y = e^{-\int\left(-\frac{2}{x+1}\right)dx}\left[\int (x+1)^3 e^{\int\left(-\frac{2}{x+1}\right)dx}dx + C\right]$$

$$= (x+1)^2\left[\int (x+1)dx + C\right]$$

$$= (x+1)^2\left[\frac{1}{2}(x+1)^2 + C\right]$$

$$= \frac{1}{2}(x+1)^4 + C(x+1)^2$$

即

$$y = \frac{1}{2}(x+1)^4 + C(x+1)^2$$

例 7-9 若净利润 L 是广告费用 x 的函数，并且它们之间的关系满足方程

$$\frac{dL}{dx} = k - a(L+x)$$

其中 a、k 为常数，设初始条件 $L(0)=L_0$，求 $L(x)$。

解 由题意可知，这是一个微分方程的初值问题，即

$$\begin{cases} \dfrac{dL}{dx} + aL = k - ax \\ L(0) = L_0 \end{cases}$$

上述方程是一个一阶线性微分方程，由通解公式得

$$L(x) = e^{-\int a dx}\left[\int (k-ax)e^{\int a dx}dx + C\right]$$

$$= e^{-ax}\left[\int (k-ax)e^{ax}dx + C\right]$$

$$= e^{-ax}\left[\frac{1}{a}(k-ax)e^{ax} + \frac{1}{a}e^{ax} + C\right]$$

$$= \frac{k+1}{a} - x + Ce^{-ax}$$

将 $L(0)=L_0$ 代入上式，得

$$L_0 = \frac{k+1}{a} + C，即\ C = L_0 - \frac{k+1}{a}$$

故净利润 L 与广告费用 x 的函数关系为

$$L(x) = \frac{k+1}{a} - x + \left(L_0 - \frac{k+1}{a}\right)e^{-ax}$$

第三节 微分方程的经济应用

实际问题的应用中，首先要构建微分方程，其次才能求解。构建微分方程

不仅需要数学知识，还涉及其他学科的相关知识。这里举几个比较简单的例子，便于我们认识微分方程在实际中的重要性，并熟悉运用微分方程解决实际问题的基本方法与步骤。

一、人口预测问题

英国人口学家马尔萨斯在《人口原理》一书中提出了闻名于世的马尔萨斯人口模型。

例 7-10(马尔萨斯(Malthus，1766 年—1834 年)模型)　模型的基本假设是：在人口自然增长过程中，净相对增长率(出生率与死亡率之差)是常数，即单位时间内人口的增长量与人口成正比，比例系数为 γ。在此假设下，求人口随时间变化的规律。

解　设时刻 t 时人口为 $N(t)$，把 $N(t)$视为连续、可导函数(因人口总数很大，可近似这样处理)，据马尔萨斯的假设，在 t 到 $t+\Delta t$ 的时间内，人口的增长量为

$$N(t+\Delta t)-N(t)=\gamma N(t)\Delta t$$

于是可得

$$\frac{\mathrm{d}N}{\mathrm{d}t}=\gamma N$$

又因为初始条件 $N(t_0)=N_0$，也就是在时间 t_0时的人口为 N_0，故利用分离变量法可解得

$$N(t)=N_0\mathrm{e}^{\gamma(t-t_0)}$$

这表明在人口自然增长率 γ 为常数的假设下，人口总是按指数规律增长的。根据这种模型，人口增长的速度非常快，与人口普查的结果不吻合，即假设不合理，需要对假设进行修正。

尽管马尔萨斯人口模型假设不合理，但是在此基础上，通过实验与调查，又提出了新假设。

例 7-11(人口阻滞增长模型)　1837 年，荷兰生物学家富尔哈斯特(Verhulst)提出了人口阻滞增长模型。人口自然增长率 γ 满足 $\gamma=a-bN$，其中正常数 a 与 b 称为生命系数。一些生态学家测得 $a=0.029$，而 b 的值依赖于不同国家、不同时期的社会经济条件。在这种假设下，求人口随时间变化的规律。

解　由 γ 的新假设得微分方程

$$\frac{\mathrm{d}N}{\mathrm{d}t}=(a-bN)N$$

分离变量，得

$$\frac{\mathrm{d}N}{(a-bN)N}=\mathrm{d}t$$

方程两边积分，得

$$\frac{1}{a}\ln\frac{N}{a-bN}=t+C$$

代入初始条件 $N(t_0)=N_0$，得

$$N(t)=\frac{aN_0\mathrm{e}^{a(t-t_0)}}{a-bN_0+bN_0\mathrm{e}^{a(t-t_0)}}$$

人口问题非常复杂，上述假设和模型不一定符合各国国情。迄今为止，人口学家经过调查统计，根据各种社会因素和自然因素，提出了许多更为复杂和全面的人口问题模型，用于人口问题分析、研究、预测，并以此作为制定有关政策的依据。

二、逻辑斯蒂(Logistic)方程

逻辑斯蒂方程是一种在许多领域有着广泛应用的数学模型，下面借助商品销售预测过程来说明该模型的建立过程。

例 7-12 在商品销售预测中，时刻 t 的销售量用 $h=h(t)$ 表示，若商品销售的增长速度 $\frac{\mathrm{d}h(t)}{\mathrm{d}t}$ 正比于销售量 $h(t)$ 及销售接近饱和水平的程度 $H-h(t)$ 之积(H 为饱和水平)，求销售量函数 $h(t)$。

解 根据题意，建立微分方程，在时刻 t 时销售量为 $h(t)$，则有

$$\frac{\mathrm{d}h(t)}{\mathrm{d}t}=kh(t)[H-h(t)]$$

其中，$k>0$ 是比例常数。此方程称为逻辑斯蒂方程。利用分离变量法，得

$$\frac{\mathrm{d}h}{h(H-h)}=k\mathrm{d}t$$

两边积分，得

$$\frac{1}{H}[\ln h-\ln(H-h)]=kt+C_1$$

所求通解为

$$h(t)=\frac{C_2H\mathrm{e}^{kHt}}{1+C_2\mathrm{e}^{kHt}}=\frac{H}{1+C\mathrm{e}^{-kHt}}$$

其中，$C\left(C=\frac{1}{C_2}=\mathrm{e}^{-C_1H}>0\right)$ 是正常数。

习 题 七

1. 指出下列各题中的函数是否为所给微分方程的解：

(1) $xy'=2y$，$y=5x^3$； (2) $y'+y=0$，$y=e^{-x}$。

2. 写出下列问题的微分方程：

(1) 曲线在点(x, y)处的切线的斜率等于该点的横坐标；

(2) 曲线通过原点，并且在点(x, y)处的切线的斜率等于 $2x+y$。

3. 确定常数 k，使 $y=e^{kx}$ 成为微分方程 $y'-2y=0$ 的解。

4. 求下列微分方程的通解：

(1) $xy'-y\ln y=0$； (2) $(y+1)^2y'+x^3=0$；

(3) $y'=10^{x+y}$； (4) $dx+xydy=y^2dx+ydy$。

5. 求下列微分方程满足所给初始条件的特解：

(1) $y'+\dfrac{x}{4y}=0$，$y|_{x=4}=2$； (2) $xdy+2ydx=0$，$y|_{x=2}=1$。

6. 求下列微分方程的通解：

(1) $y'+y=e^{-x}$； (2) $y'+2xy=4x$；

(3) $\dfrac{dy}{dx}-\dfrac{1}{x}y=2x^2$； (4) $y'+y\tan x=\sin 2x$。

7. 求下列微分方程满足所给初始条件的特解：

(1) $xy'+y=\sin x$，$y|_{x=\pi}=1$； (2) $y'-y\tan x=\sec x$，$y|_{x=0}=0$。

8. 某林区现有木材 10 万立方米，如果在每一瞬时木材的变化率与当时木材数成正比，假设 10 年内该林区有木材 20 万立方米，试确定木材数 p(万立方米)和时间 t(年)的关系。

9. 曲线 L：$y=f(x)$经过点$(1, 0)$，在点(x, y)处切线的斜率 $k=1+\dfrac{2y+4}{x}$，试求曲线 L。

第八章　Mathematica 数学实验

Mathematica 是美国 Wolfram 研究公司生产的一种数学分析型软件，以符号计算见长，也具有高精度的数值计算功能和强大的图形功能。在求解一元及二元函数的极限、导数、积分、微分方程等计算过程相对复杂的问题时，为使读者提高用数学解决实际问题的能力及效率，本章将介绍如何利用 Mathematica 软件解决相关的数学问题。Mathematica 软件当前有很多版本，这里介绍的是 2018 年发布的 Mathematica 11.3 中文版在 Windows 下的使用情况。

第一节　Mathematica 的基本操作

一、Mathematica 的操作界面

打开软件 Mathematica 11.3，出现如图 8－1 所示的操作界面。点击“新文档”，新建一个笔记本文档(或通过选项卡“文件”→“新建”→“笔记本”，建立笔记本文档)。

图 8－1

如图 8－2 所示，左边大窗口为工作区 Notebook，用于显示一切输入、输出信息；用户所有的操作均在这个窗口中进行；可以同时打开多个工作区窗口。工作区窗口的右边是基本输入模板，由一系列按钮组成，用鼠标左键单击其中一个按钮，就可以将它表示的符号输入到当前的工作区窗口中。

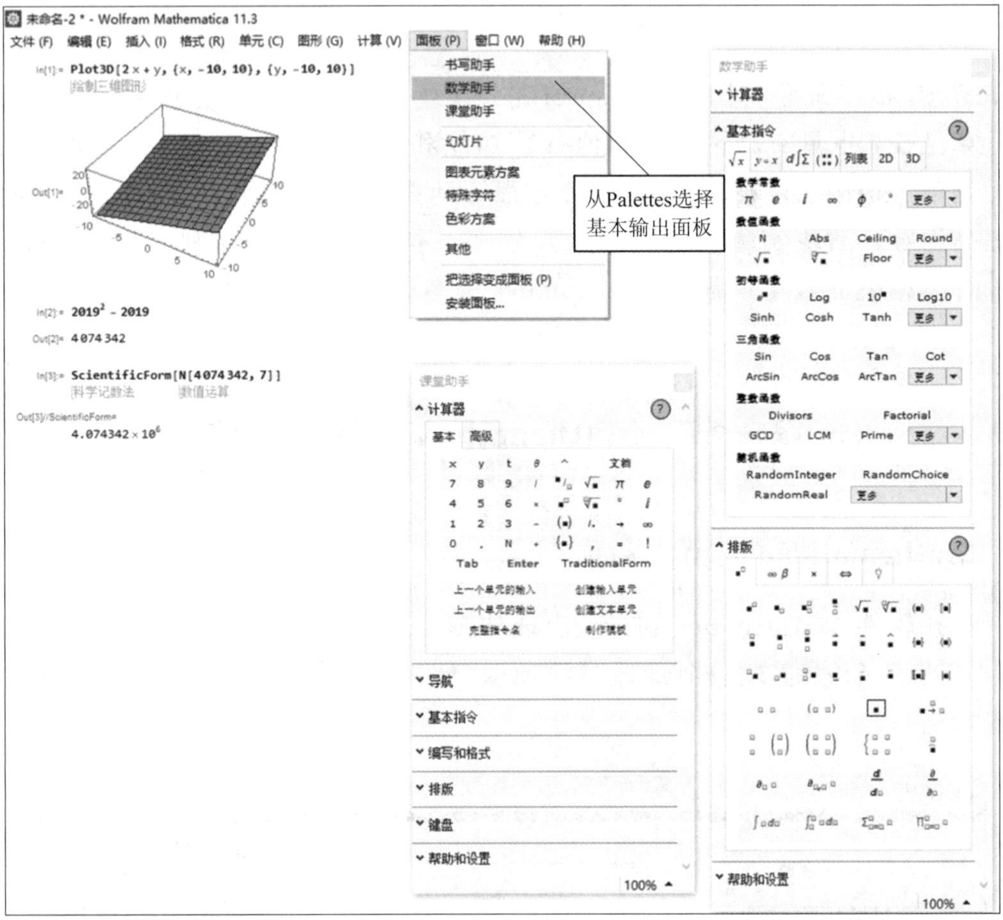

图 8－2

图 8－2 的上方为主菜单栏。常用的数学符号及公式的输入可以通过面板实现，其打开方式是点击主菜单栏中的“面板”→“数学助手”。

Mathematica 是应答式软件，用户在工作区窗口中输入命令后按下“Shift＋Enter”键或直接按下小键盘上的“Enter”键，系统便自动按输入顺序确定一输入号，并执行运算，输出“In[输入号]:=”和紧跟的输入内容，以及“Out[输出号]=”和紧跟的对应结果。

在 Mathematica 的笔记本中，会有各种提示来帮助用户输入内建函数的命令，见图 8－3。

在计算过程中，用户可以用简单的英语进行自然语言输入，即敲击等号后

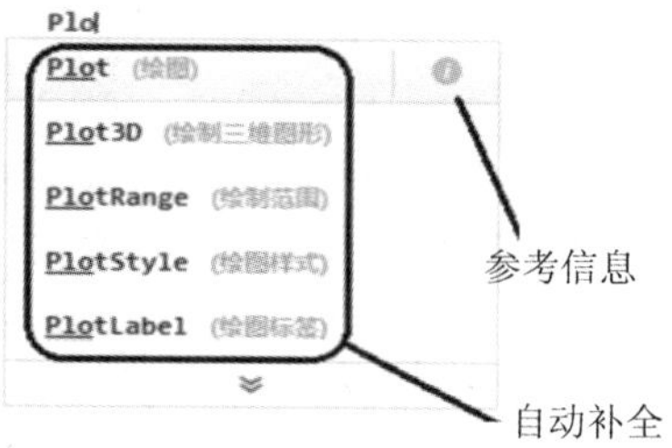

图 8-3

用英语输入想要执行的计算。每个输出结果后，都可以显示出联想计算的建议，以帮助用户更快捷地完成系统的计算，见图 8-4。

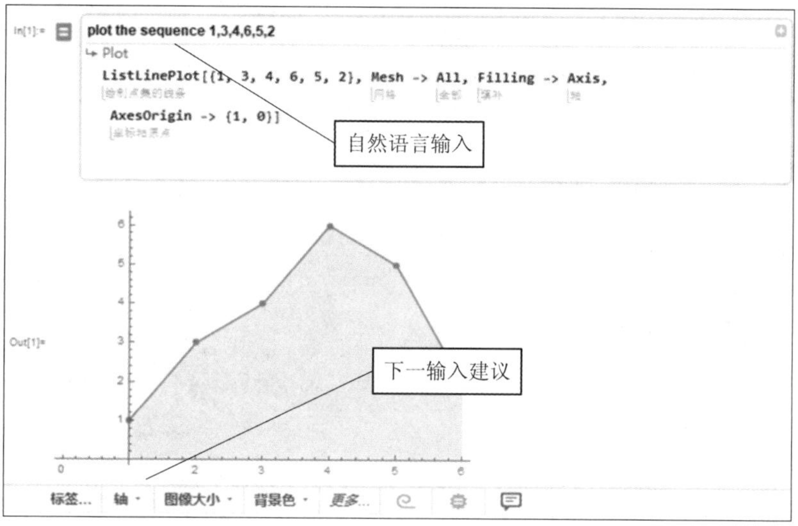

图 8-4

二、操作规范

在使用 Mathematica 时，用户需要牢记以下几点操作规范：

(1) Mathematica 是一个敏感的软件，所有的 Mathematica 内建函数(Build-in function，详见附录 A)都要以大写字母开头，如果函数名是两个英文单词，则每一个单词的首字母要大写，例如列表绘图函数 ListPlot 等。

(2) 花括号"{ }"、方括号"[ ]"、小括号"( )"各自的用途不一，需加以注意。内建函数后面跟的是方括号"[ ]"；花括号"{ }"表示的是列表(其实在软件中，列表代表的就是一个向量或矩阵)；小括号"( )"表示的是计算的结合律。

(3) 用并列来记乘法。xy 表示的是一个诸如 x、y 这样的变量。若要表示 x 乘以 y，则需要在 x 与 y 之间输入一个空格，即 $x\ y$。

(4) 用 Shift+Enter 键或者小键盘上的 Enter 键来执行命令。

(5) 在命令输入完毕后加上分号"；"，则表示系统仅读取命令而不显示输出结果。

(6) 在 Mathematica 中，和、差、积、商、乘方运算分别用键盘上的＋、－、*（或空格键）、/、^来表示，也可以由基本输入模板直接输入。Mathematica 以符号计算为主，如 π、e、$\frac{2}{3}$、$\sqrt{2}$等，都认为是准确数，而近似数用带有小数点的数表示。

(7) 用"？函数名"或按 F1 键来寻求帮助。软件自身的帮助文档就是一本最全面的 Mathematica 教科书。例如，在 Notebook 里键入"Plot3D"，按 F1 键，可寻求内建函数 Plot3D 的使用格式(见图 8－5)。

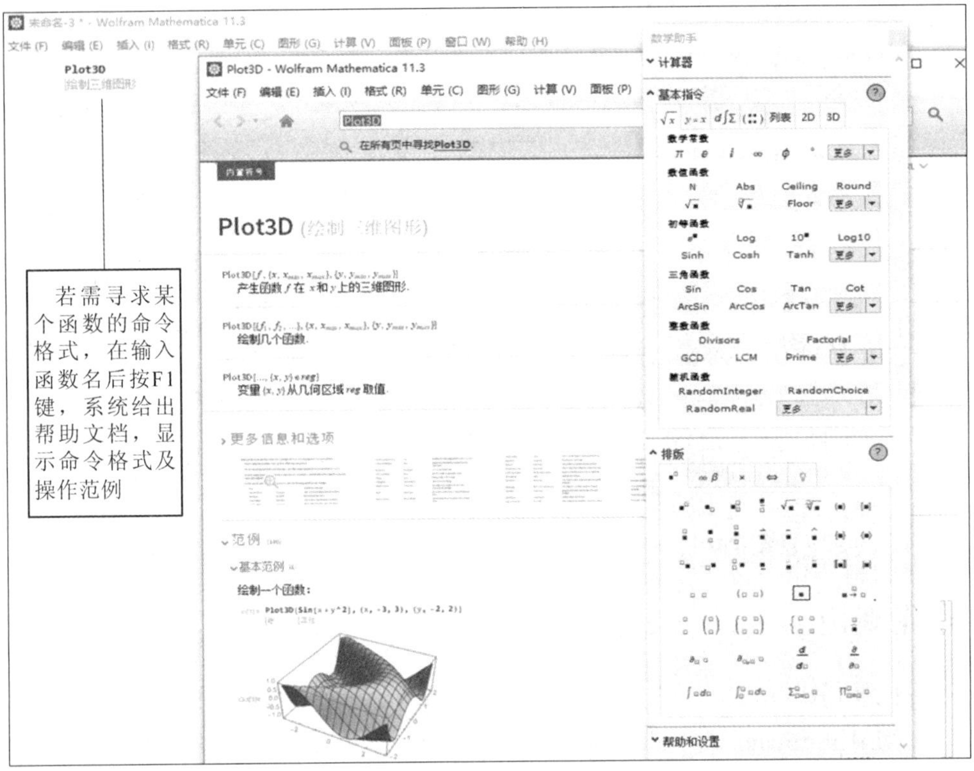

图 8－5

三、操作基础与范例

1. 数、变量、常用函数

在 Mathematica 中，求近似值的函数为 N，格式为"N[表达式，数字位数]"，用于指定计算表达式的具有任意数字位数的近似值，结果在末位后是四舍五入的。如不输入数字位数，则只显示 6 位有效数字。

π、e、分式、根式、指数等均可以由模板输入，见图 8－6。

In[1]:= $\frac{2}{3}$

Out[1]= $\frac{2}{3}$

In[2]:= **N[$\sqrt{3}$]**

Out[2]= 1.73205

In[3]:= **ⅇ**

Out[3]= ⅇ

In[4]:= **N[π, 8]**

Out[4]= 3.1415927

In[5]:= $4^3+\frac{1}{3}$

Out[5]= $\frac{193}{3}$

图 8－6

“%”是一个重要的 Mathematica 符号，表示前一个输出的内容；“%n”表示 Out[n]输出的内容，见图 8－7。

Mathematica 中的变量名必须是以字母开头的、由字母或数字组成的字符串，字母区分大小写。一个变量可以表示数或字符串，也可以表示一个算式，用户只需利用等号给变量赋值即可，见图 8－8。

In[6]:= **%**

Out[6]= $\frac{193}{3}$

In[7]:= **%1 + %3**

Out[7]= $\frac{2}{3}$ + ⅇ

图 8－7

In[8]:= **x = 2**

Out[8]= 2

In[9]:= **a1 = s - t**

Out[9]= s - t

In[10]:= **{u, v} = {1, 2}**

Out[10]= {1, 2}

In[11]:= **a = b = c = x + a1**

Out[11]= 2 + s - t

图 8－8

Mathematica 是一个高级函数计算器，各种操作主要由函数实现。我们把 Mathematica 本身的内部函数及其自带软件包中的函数统称为系统函数。学习 Mathematica 主要是分门别类地学习各种函数的功能及其调用方法。先来看一些简单的数学函数。

函数的一般形式如下：

函数名[参数 1，参数 2，…]

Mathematica 中的基本初等函数如下：

(1) Sin[x]：正弦函数。

(2) Cos[x]：余弦函数。

(3) Tan[x]：正切函数。

(4) Cot[x]：余切函数。

(5) Sec[x]：正割函数。

(6) Csc[x]：余割函数。

(7) ArcSin[x]：反正弦函数。

(8) ArcCos[x]：反余弦函数。

(9) ArcTan[x]：反正切函数。

(10) ArcCot[x]：反余切函数。

(11) ArcSec[x]：反正割函数。

(12) ArcCsc[x]：反余割函数。

(13) Exp[x]：表示 e^x。

(14) Log[x]：表示 $\ln x$。

(15) Log[a，x]：表示$\log_a x$。

(16) Sqrt[x]：表示$\sqrt{x}$。

Mathematica 系统函数书写规则很严格，函数名首字母大写，后面字母小写，而函数分成几段时，每段的首字母大写，函数名中不能有空格。参数必须用方括号括起来(不能用圆括号)；函数可以任意嵌套，见图 8－9。

```
In[1]:= Sin[2]
Out[1]= Sin[2]
In[2]:= Sin[2.0]
Out[2]= 0.909297
In[3]:= N[Sin[2], 5]
Out[3]= 0.90930
```

图 8－9

另外，还有一些常用的函数(Mathematica 默认的变量取值范围是复数)：

(1) Abs[x]：实数的绝对值或复数的模。

(2) Sign[x]：符号函数。

(3) Max[x_1, x_2, …]：一组数的最大值。

(4) Min[x_1, x_2, …]：一组数的最小值。

(5) Re[x]：复数 x 的实部。

(6) Im[x]：复数 x 的虚部。

(7) Arg[x]：复数 x 的辐角。

(8) Floor[x]：不超过 x 的最大整数。

举例如图 8－10 所示。

```
In[1]:= Sign[-3.2]
Out[1]= -1
In[2]:= Floor[8.9]
Out[2]= 8
In[3]:= Abs[1 + ⅈ]
Out[3]= √2
```

图 8－10

2．常用代数运算

常用的代数运算有因式分解、合并同类项等，具体函数使用方法如下。

因式分解用如下函数：

Factor[表达式]：用于和式或分式的因式分解。

例 8－1 将 x^4-1，$\dfrac{x^2-4x}{x^2-x}+\dfrac{x^2+3x-4}{x^2-1}$进行因式分解。

解 利用内建函数 Factor 进行计算，输入及输出如图 8－11 所示。

```
In[1]:= Factor[x^4 - 1]
Out[1]= (-1 + x) (1 + x) (1 + x^2)
In[2]:= Factor[(x^2 - 4 x)/(x^2 - x) + (x^2 + 3 x - 4)/(x^2 - 1)]
Out[2]= 2 (-2 + x) (2 + x) / ((-1 + x) (1 + x))
```

图 8－11

合并同类项用如下函数：

(1) Collect[表达式, x]：把表达式中 x 的同次幂合并。

(2) Collect[表达式, {x, y, …}]：把表达式按 x, y, …的同次幂合并。

例 8－2 将键入的表达式分别按 x，y 进行合并同类项计算。

解 输入及输出如图 8－12 所示。

```
In[3]:= Collect[x + 4 y + 5 x y, x]
Out[3]= 4 y + x (1 + 5 y)
In[4]:= Collect[x + 4 y + 5 x y, y]
Out[4]= x + (4 + 5 x) y
```

In[5]:= $\text{Collect}\left[x^4 + (a+y)\left(x+y^3\right)x^2 + \left(y^3+3\right)x^2, \{x, y\}\right]$

Out[5]= $x^4 + x^3 (a + y) + x^2 (3 + (1 + a) y^3 + y^4)$

In[6]:= $\text{Collect}\left[x^4 + (a+y)\left(x+y^3\right)x^2 + \left(y^3+3\right)x^2, \{y, x\}\right]$

Out[6]= $3 x^2 + a x^3 + x^4 + x^3 y + (1 + a) x^2 y^3 + x^2 y^4$

图 8－12

展开表达式用如下函数：

（1）Expand[表达式]：用于乘积及分式的展开，展开分式时只展开分子。

（2）ExpandAll[表达式]：用于乘积及分式的展开，展开分式时，将分子、分母都展开。

举例如图 8－13 所示。

```
In[1]:= Expand[(2 + x) ^ 2 * (x - 2 y) ^ 3]
```

Out[1]= $4x^3 + 4x^4 + x^5 - 24x^2 y - 24x^3 y - 6x^4 y + 48 x y^2 + 48 x^2 y^2 + 12 x^3 y^2 - 32 y^3 - 32 x y^3 - 8 x^2 y^3$

In[2]:= $r = \dfrac{(x+y)^3}{(a+b)^2}$

Expand[r]

Out[2]= $\dfrac{(x+y)^3}{(a+b)^2}$

Out[3]= $\dfrac{x^3}{(a+b)^2} + \dfrac{3x^2 y}{(a+b)^2} + \dfrac{3 x y^2}{(a+b)^2} + \dfrac{y^3}{(a+b)^2}$

In[4]:= ExpandAll[r]

Out[4]= $\dfrac{x^3}{a^2+2ab+b^2} + \dfrac{3x^2 y}{a^2+2ab+b^2} + \dfrac{3 x y^2}{a^2+2ab+b^2} + \dfrac{y^3}{a^2+2ab+b^2}$

图 8－13

有理式的合并、化简与展开用如下函数：

（1）Together[表达式]：通分。

（2）Cancel[表达式]：约去分子、分母的公因子。

（3）Apart[表达式]：把有理式分解为最简分式的和。

例 8－3 将$\frac{x^4-4x}{x^2-x}+\frac{x^2+3x-4}{x^2-1}$进行通分、约分、分解分式运算。

解 输入及输出如图 8－14 所示。

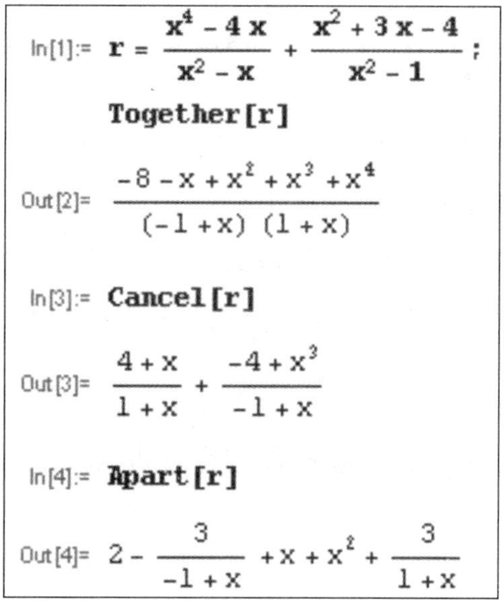

图 8－14

分解、展开、化简三角函数用如下函数：

（1）TrigExpand[表达式]：把三角函数式展开。

（2）TrigFactor[表达式]：把三角函数式因式分解。

（3）TrigReduce[表达式]：用倍角公式化简三角函数式。

（4）TrigToExp[表达式]：把三角函数式转化成指数形式。

例 8－4 将键入的三角函数进行展开、因式分解、化简及转换为指数形式的计算。

解 利用上述内建函数命令进行求解，输入及输出如图 8－15 所示。

```
In[1]:= TrigExpand[Cos[2 x]]

Out[1]= Cos[x]^2 - Sin[x]^2

In[2]:= TrigFactor[3 Sin[x] - 4 Sin[x] ^3]

Out[2]= (1 + 2 Cos[2 x]) Sin[x]

In[3]:= TrigReduce[3 Sin[x] - 4 Sin[x] ^3]

Out[3]= Sin[3 x]

In[4]:= TrigToExp[Sin[x]]

Out[4]= 1/2 ⅈ ⅇ^(-ⅈ x) - 1/2 ⅈ ⅇ^(ⅈ x)
```

图 8－15

3. 一元函数及复合函数的定义

Mathematica 中的内建函数可以分为两大类：一类是在数学中常见的且给出明确定义的函数，如三角函数、对数函数等，这类函数称为数学函数；另一类是在 Mathematica 里给出定义，具有计算和操作方面性质的函数，如绘图函数 Plot、解方程函数 Solve 等，这类函数称为操作函数。虽然 Mathematica 为用户提供了大量的函数，但在很多时候，为了完成某些特定的运算，用户还需自己定义一些新的函数，其基本语句格式和化简内建函数如下：

(1) f [*x*_] :=(关于 x 的表达式)：自定义一个一元函数。

(2) ReplaceAll [*expr*, Rule [*x*, *value*]]：把关于 x 的表达式 *expr* 中的 x 替换成 *value*。

(3) FullSimplify [*expr*]：化简表达式 *expr*。

例 8－5 求 $f=\dfrac{1-x^2}{1+x^2}$，$x=\sin t$ 的复合函数，并化简其结果。

解 在软件上新建一个 Notebook，输入及输出如图 8－16 所示。

```
In[1]:= f[x_] := (1 - x^2)/(1 + x^2)

In[2]:= ReplaceAll[f[x], x → Sin[t]]

Out[2]= (1 - Sin[t]^2)/(1 + Sin[t]^2)

In[3]:= FullSimplify[%]

Out[3]= -1 - 4/(-3 + Cos[2 t])
```

图 8－16

图 8－16 中，“x→Sin[t]”的箭头表示把 x 替换成 Sin[t]，输入方法是“－>空格”；“In[3]”里的“%”表示上一次的输出结果，即 Out[2]的结果。

注意：图 8－16 中“f[x_]”的下划线相当重要，它是告诉 Mathematica 这个变量为哑元的唯一办法。所谓哑元，就是可以用任何(数值的或符号的)表达式替换的变量。而当需要定义一个分段函数时，我们可以利用符号“/;(限定条件函数)”来限定函数自变量的取值范围。

例 8－6 定义一个分段函数 $f(x)=\begin{cases} x-1, & x\geqslant 0 \\ x^2, & -1<x<0 \\ \sin x, & x\leqslant -1 \end{cases}$，并绘制图形。

解 输入及输出如图 8－17 所示。

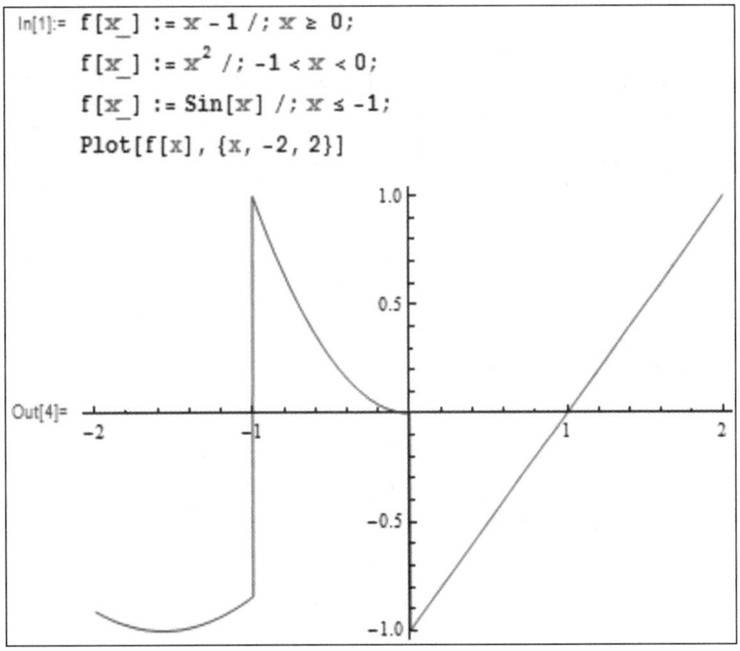

图 8－17

4. 用 Mathematica 作一元函数图像

计算的可视化(即图形绘制)是 Mathematica 的强大功能之一。在Mathematica 中可以绘制出各种平面曲线(curve)和空间曲线、曲面(surface)以及一些特殊图形，如直方图(bar chart)、饼图(pie chart)等，还可以生成动画(animation)。Mathematica 是利用内建函数与绘图函数库绘制图形的。下面介绍一元函数作图方法。

在平面直角坐标系中用于绘制函数 $y=f(x)$ 的图形的函数如下：

(1) Plot[$f(x)$，{x，a，b}]：绘制函数 $f(x)$ 在区间[a，b]内的图形。

(2) Plot[{$f_1(x)$，$f_2(x)$，…}，{x，a，b}]：在区间[a，b]内同时绘制多个函数的图形。

(3) ListPlot[{y_1，y_2，…}]：画出点列$(1, y_1)$，$(2, y_2)$，…。

(4) ListPlot[{{x_1，y_1}，{x_2，y_2}，…}]：画出点列(x_1, y_1)，(x_2, y_2)，…，如果要把相邻的点用线段连接起来，可以加上选项“Joined”→“True”。

(5) ParametricPlot[{$x(t)$，$y(t)$}，{t，a，b}]：在区间[a，b]内画出参数曲线图。

(6) PolarPlot[r，{θ，a，b}]：在区间[a，b]内画出极坐标方程 $r=r(\theta)$ 的曲线。

(7) Show[{g_1，g_2，…，g_n}]：将函数图形 g_1，g_2，…，g_n 同时在一个坐标系下显示出来。

例 8－7　定义函数 $g(x)=\sin 2x+\cos x$，求解 $g(\pi)$，并绘制当自变量 x 从 -2π 到 2π 变化时，函数 $g(x)$ 的图像。

解　输入及输出如图 8－18 所示。

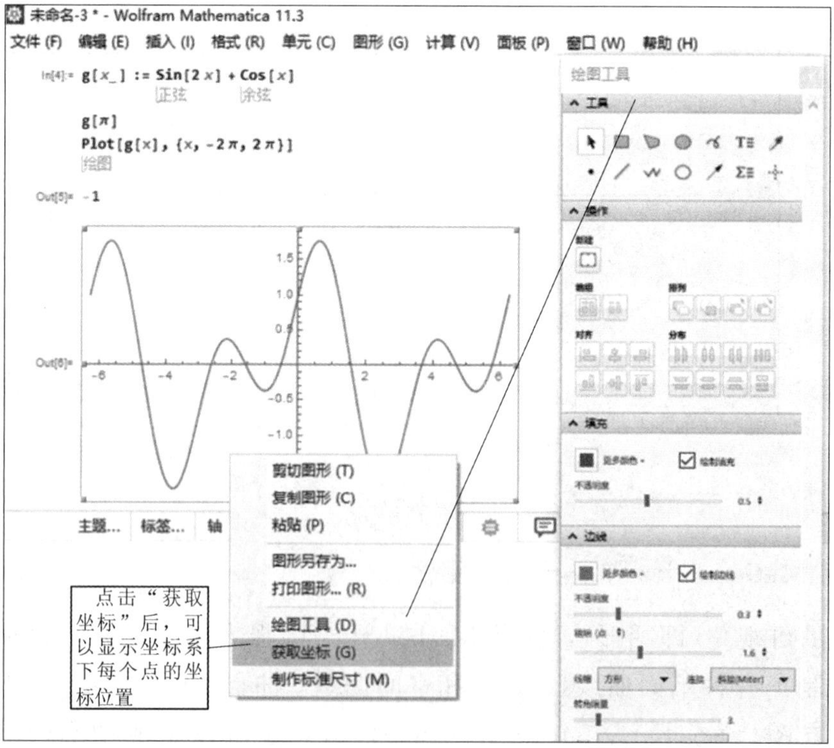

图 8－18

Mathematica 11.3 具有绘图工具功能，当执行计算后，如果要在显示的图像上进行修改，如将实线换为虚线、填写文字说明等，可在显示的图像上点击鼠标右键，选择“绘图工具”，在绘图工具框中进行设置。

例 8-8 绘制参数方程$\begin{cases} x=\cos^3 t \\ y=\sin^3 t \end{cases}(0\leqslant t\leqslant 2\pi)$的函数图像。

解 绘制参数方程图像的内建函数为 ParametricPlot，输入及输出如图 8-19 所示。

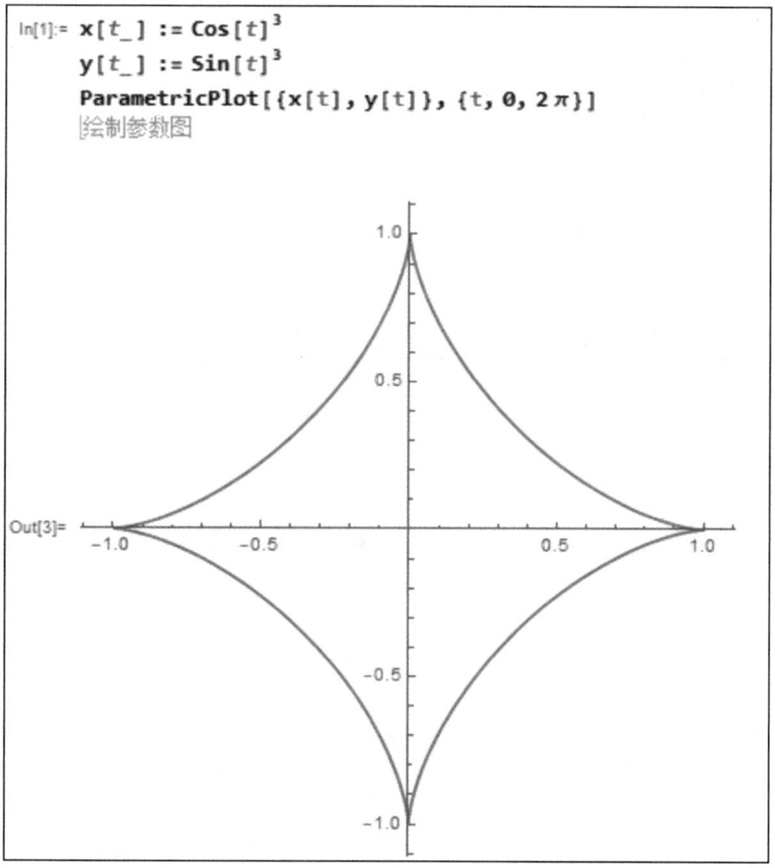

图 8-19

例 8-9 在同一坐标系下绘制$\sqrt{x}$，$\frac{1}{x}$，x，x^2，x^3的函数图像。

解 同时绘制上述五个函数时，要将它们作为一个列表，用大括号括起来。输入及输出如图 8-20 所示，其中，AspectRatio 用于限定宽高比例，PlotLegends 用于显示图例。

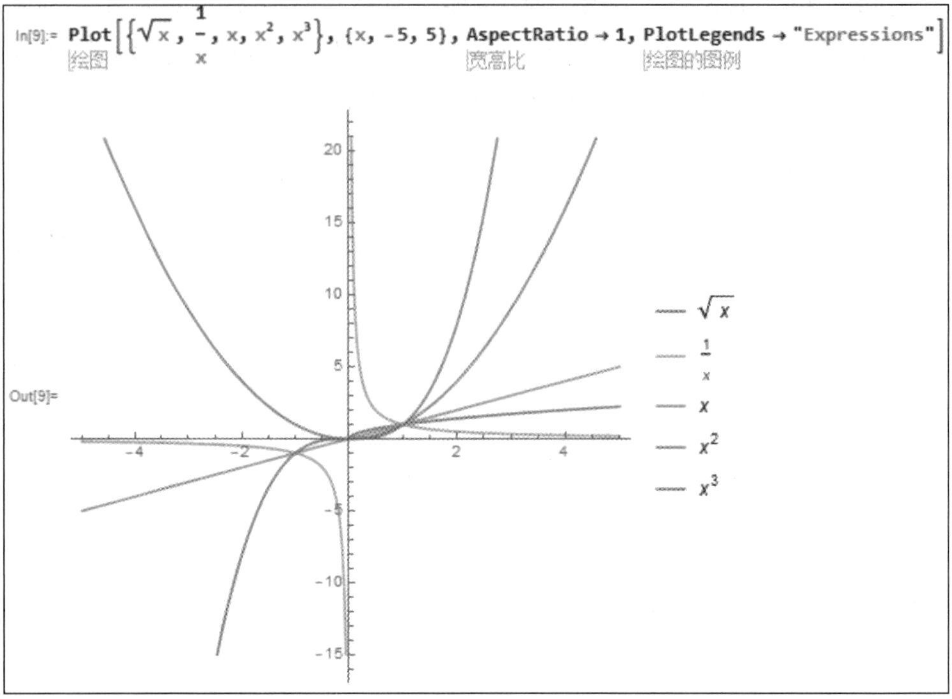

图 8-20

第二节　Mathematica 在函数、极限中的应用

一、观察函数的变化趋势

观察函数的变化趋势可以采用下列两种方法：

(1) 当 $x \to \infty$ 时，首先在某一较小的区间内作出函数的图形，然后逐次加大区间范围，作出动画图形，观察函数的变化趋势。

(2) 当 $x \to x_0$ 时，在点 x_0 附近取一小区间，作出函数在该区间内的图形，然后逐次缩小区间范围，观察函数在该点的变化趋势。

例 8-10　观察函数 $f(x)=\dfrac{1}{x^2}\cos x$ 当 $x \to \infty$ 时的变化趋势。

解　先取一个较小的区间，如[1，30]，作出函数在这一区间内的图形，如图 8-21 所示，其中，AxesLabel 用于坐标轴命名。从图 8-21 中可以发现，在区间[1，30]内函数逐渐趋近于 0。然后逐次加大区间范围进行观察，分别取区间为[1，50]，…，[1，100]，…，作出函数的图形，如图 8-22 和图 8-23 所示。

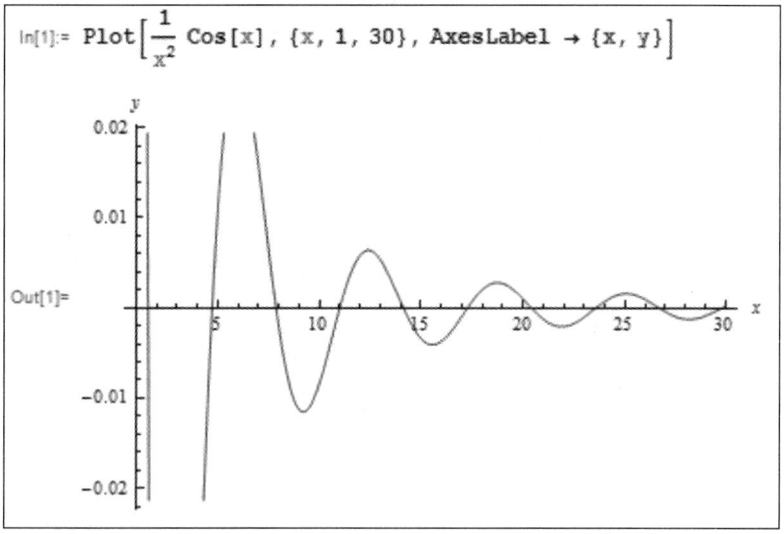

图 8 - 21

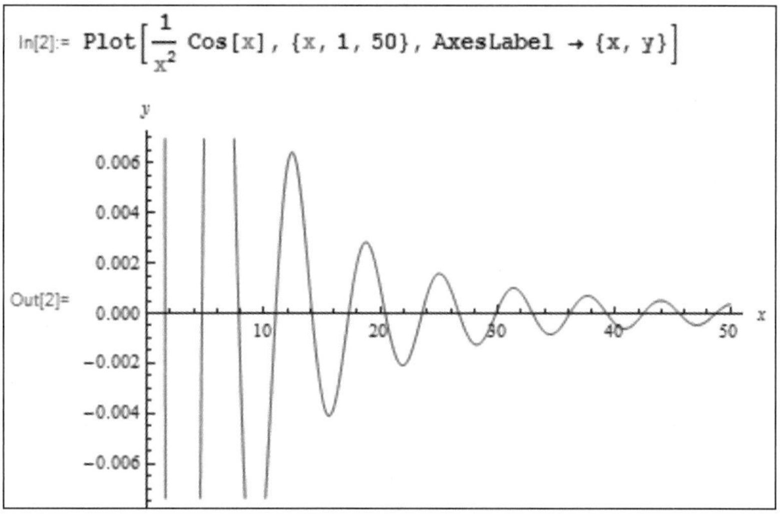

图 8 - 22

从以上的所作图形可以观察得到，当 $x\to\infty$时，函数 $f(x)=\frac{1}{x^2}\cos x$ 的极限是 0。利用 Mathematica 11.3 的内建函数 Manipulate(动画命令函数，其格式为 Manipulate[表达式，{u，$u_{\min}$，$u_{\max}$}]，用于生成当变量 u 从 $u_{\min}$变化到 $u_{\max}$时表达式的动态交互)作出函数 $f(x)=\frac{1}{x^2}\cos x$ 在区间[1，100]内的交互式动画图形，见图 8 - 24，观察该函数的变化趋势。

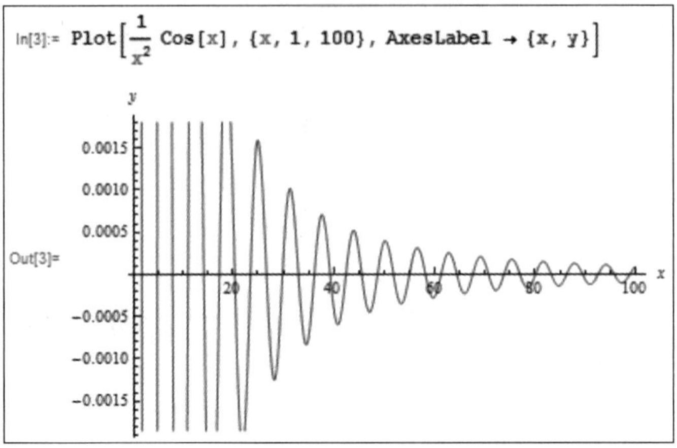

图 8 - 23

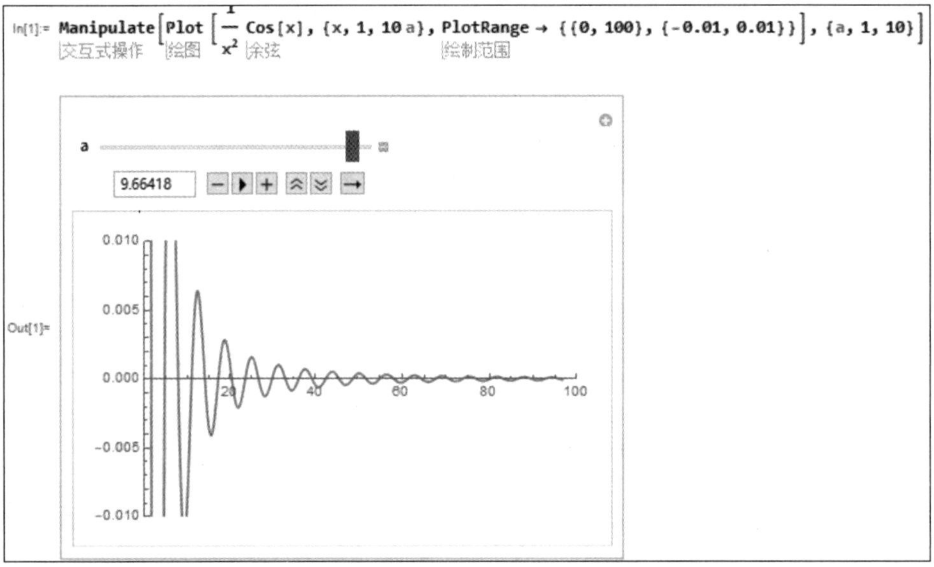

图 8 - 24

二、极限的计算

用 Mathematica 求解极限非常方便，利用内建函数 Limit 就可以求出一元函数的极限。具体格式如下：

(1) Limit[f[x], $x \to x_0$]：求函数 $f(x)$ 当 $x \to x_0$ 时的极限。

(2) Limit[f[x], $x \to \infty$]：求函数 $f(x)$ 当 $x \to \infty$ 时的极限。

(3) Limit[f[x], $x \to x_0$, Direction→1]：求函数 $f(x)$ 当 $x \to x_0$ 时的左极限。

(4) Limit[f[x], $x \to x_0$, Direction→−1]：求函数 $f(x)$ 当 $x \to x_0$ 时的右极限。

例 8－11　计算下列极限：

（1）$\lim\limits_{x \to 0}\dfrac{\sin 3x}{\sin 5x}$；　（2）$\lim\limits_{x \to -\infty} e^{x}$；　（3）$\lim\limits_{x \to \frac{\pi}{2}^{-}} \tan x$；

（4）$\lim\limits_{x \to \frac{\pi}{2}^{+}} \tan x$；　（5）$\lim\limits_{x \to \infty}\left(\dfrac{2-x}{3-x}\right)^{\frac{x}{2}}$。

解　在 Notebook 上依次键入函数，利用内建函数 Limit 求解。输入及输出如图 8－25 所示。

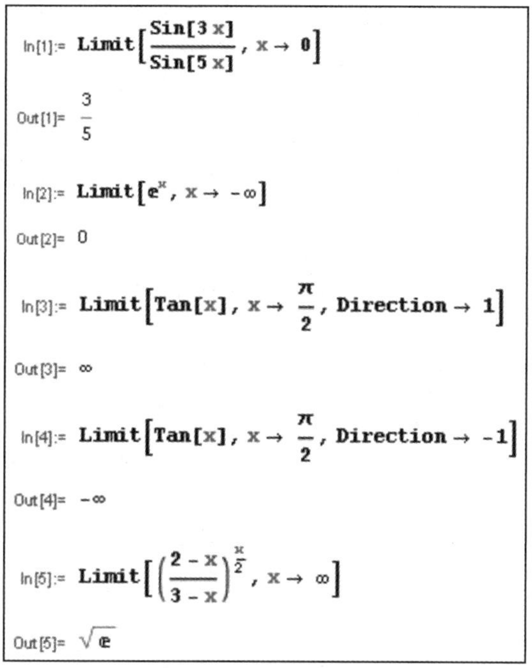

图 8－25

在计算带有参数的函数极限时，若已知参数的取值范围，则可用函数 Assumption 来限定参数的取值范围，求得计算结果。函数 Assumption 的格式为 $Assumptions＝a＜0。

例 8－12　计算极限 $\lim\limits_{x \to \infty} x^{a}$。

解　若不限定参数 a 的取值范围，则在 Mathematica 里所显示的结果相当于没有计算，见图 8－26。

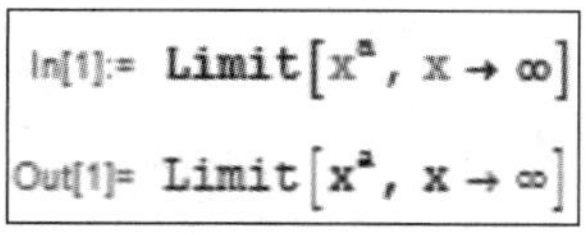

图 8－26

如果限定了 a 的取值范围，即可求解，见图 8-27。

```
In[2]:= $Assumptions = a < 0

Out[2]= a < 0

In[3]:= Limit[x^a, x → ∞]

Out[3]= 0
```

图 8-27

若不想输入两条语句，也可以将两条语句合并为一条，即在内建函数 Limit 内输入“Assumptions→a>0”。图 8-28 分别给出了 $a<0$、$a=0$、$a>0$ 这三种情况下，当 $x\to\infty$ 时 x^a 的极限值。

```
In[4]:= Limit[x^a, x → ∞, Assumptions → a < 0]

Out[4]= 0

In[5]:= Limit[x^a, x → ∞, Assumptions → a == 0]

Out[5]= 1

In[6]:= Limit[x^a, x → ∞, Assumptions → a > 0]

Out[6]= ∞
```

图 8-28

在 Mathematica 里，数学符号和希腊字母都可以在基本输出面板上查到，当鼠标移至所需符号处时，鼠标周围就会显示出该字母或符号的快捷键入方式，见图 8-29。例如，∞的快捷键入方式为 ESC+inf+ESC，π、θ 的快捷键入方式分别为 ESC+pi+ESC、ESC+th+ESC。

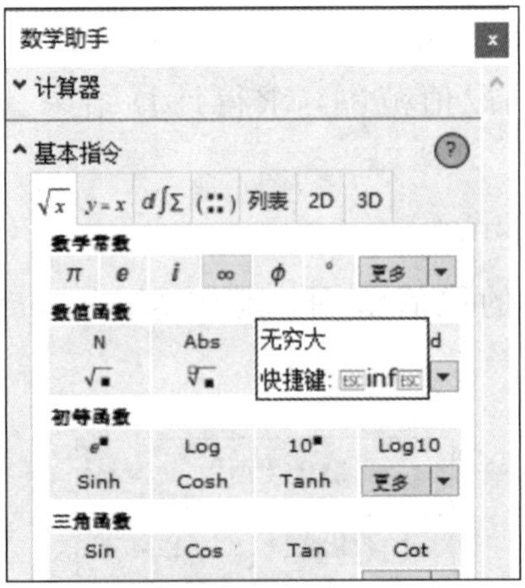

图 8-29

第三节　Mathematica 在微分中的应用

Mathematica 的求导功能很强，求函数的导数使用如下函数：

(1) D[f[x]，x]：求函数 $f(x)$的导数 $f'(x)$。

(2) D[f[x]，{x，n}]：求函数 $f(x)$的 n 阶导数 $f^{(n)}(x)$。

(3) Dt[f[x]，x]：求函数 $f(x)$的微分。

(4) Solve[f[x]==0，x]：解方程 $f(x)=0$，在输入等号时，用双等号“==”来表示等号。

一、求导数及高阶导数

例 8－13　求函数 $f(x)=e^{\sin x}+\ln x$ 的导数及在 $x=2$ 处导数的值。

解　定义函数后，利用 D[f[x]，x]求出导数及赋值求解。输入及输出如图 8－30 所示。

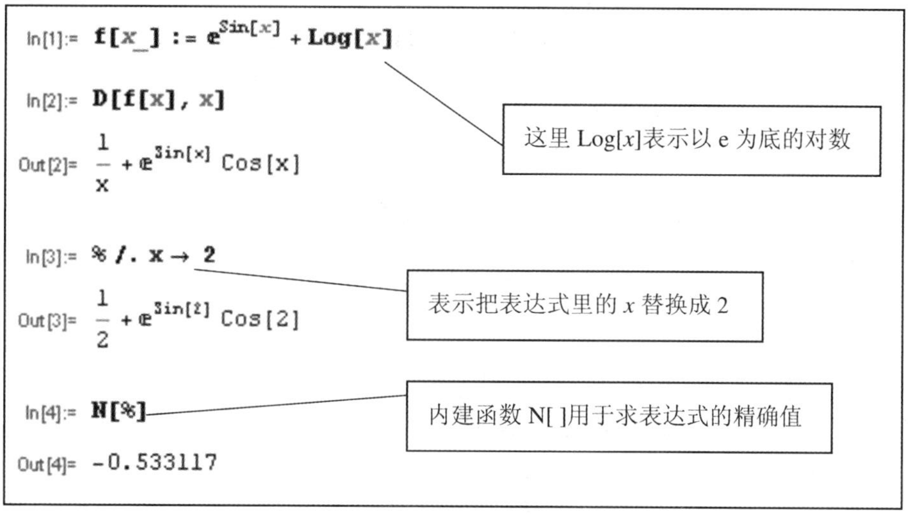

图 8－30

如果想把表达式 $expr$ 精确到 n 位，可以利用内建函数 N[$expr$，n]求值，见图 8－31。

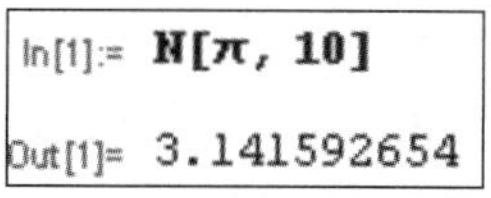

图 8－31

例 8－14　求函数 $f(x)=x^{30}+x^{25}$ 的 6 阶导数。

解　直接利用内建函数 D[f[x]，{x，n}]求出 6 阶导数。输入及输出如图 8－32 所示。

```
In[1]:= D[x^30 + x^25, {x, 6}]

Out[1]= 127 512 000 x^19 + 427 518 000 x^24
```

图 8－32

例 8－15　求函数 $f(x)=x^{30}+\sin x+2e^{-x}$的 1 阶到 4 阶导数。

解　首先定义函数，然后依次求出从第 1 阶到第 4 阶的导数。输入及输出如图 8－33 所示。

```
In[1]:= f[x_] := x^30 + Sin[x] + 2 e^-x

In[2]:= D[f[x], {x, 1}]
        D[f[x], {x, 2}]
        D[f[x], {x, 3}]
        D[f[x], {x, 4}]

Out[2]= -2 e^-x + 30 x^29 + Cos[x]

Out[3]= 2 e^-x + 870 x^28 - Sin[x]

Out[4]= -2 e^-x + 24 360 x^27 - Cos[x]

Out[5]= 2 e^-x + 657 720 x^26 + Sin[x]
```

图 8－33

也可利用软件直接编写程序，显示结果如图 8－34 所示。

```
In[1]:= f[x_] := x^30 + Sin[x] + 2 e^-x

In[2]:= Do[Print[D[f[x], {x, n}]], {n, 5}]
        -2 e^-x + 30 x^29 + Cos[x]
        2 e^-x + 870 x^28 - Sin[x]
        -2 e^-x + 24 360 x^27 - Cos[x]
        2 e^-x + 657 720 x^26 + Sin[x]
        -2 e^-x + 17 100 720 x^25 + Cos[x]
```

图 8－34

二、参数求导与隐函数求导

在 Mathematica 中，如果 $f[x]$表示一个函数，那么它的导数表示为 $f'[x]$，高阶导数用 $f''[x]$，$f'''[x]$，…表示。撇号既可以作用在内建函数上，也可以作用在自己定义的函数上。

例 8－16 求由参数方程$\begin{cases} x=1+t^2 \\ y=\cos t \end{cases}$所确定的函数的导数。

解 分别定义 $x=1+t^2$，$y=\cos t$，然后求导。输入及输出如图 8－35 所示。

```
In[1]:= x[t_] := 1 + t^2;
        y[t_] := Cos[t];
        y'[t]
        -----    (*符号'的作用是求导数*)
        x'[t]

          Sin[t]
Out[3]= - ------
           2 t
```

图 8－35

与显函数 $y=f(x)$相同，隐函数 $F(x, y)=0$ 在求导数时，使用的命令仍是 D$[F[x, y]==0, x]$，但在输入时，要把隐函数 $F(x, y)=0$ 中的等号输入为双等号“＝＝”，即 $F[x, y]==0$。求出结果后，利用解方程函数 Solve 将导数求解出来。隐函数求导的计算过程如下：

（1）定义函数；

（2）求导数；

（3）解方程。

例 8－17 求由函数 $2x^2+x^3y=0$ 所确定的隐函数的导数。

解 定义函数并构建方程，进行隐函数求导。输入及输出如图 8－36 所示。

```
In[1]:= f[x_] := 2 x^2 + x^3 y[x]

In[2]:= f[x] == 0

Out[2]= 2 x^2 + x^3 y[x] == 0

In[3]:= D[f[x] == 0, x]

Out[3]= 4 x + 3 x^2 y[x] + x^3 y'[x] == 0
```

图 8－36

然后利用解方程函数把导数 $y'[x]$求解出来。输入及输出如图 8－37 所示。

```
In[4]:= Solve[%, y'[x]]

Out[4]= {{y'[x] → (-4 - 3 x y[x])/x^2}}
```

图 8－37

例 8－18　用对数求导法求 $y=(\sin x)^x$ 的导数。

解　输入及输出如图 8－38 所示。

```
In[1]:= y[x] == Sin[x]^x

Out[1]= y[x] == Sin[x]^x

In[2]:= D[%, x]

Out[2]= y'[x] == (x Cot[x] + Log[Sin[x]]) Sin[x]^x
```

图 8－38

例 8－19　设某产品生产 x 个单位的收益是 $R(x)=200x-0.01x^2$，求生产数量分别为 50、100、180、260、300 单位时的收益、平均收益和边际收益。

解　在 Mathematica 里，我们这样求解：首先定义出收益函数 $R(x)$、平均收益函数 $AR(x)$ 及边际收益函数 $MR(x)$，并把这三个函数合成一组定义出函数 $CR(x)$；然后利用生产数量单位的列表，用软件求值。输入及输出如图 8－39 所示，其中"//TableForm"表示用表格的形式显示数据。

```
In[1]:= R[x_] := 200 x - 0.01 x^2;
        AR[x_] := R[x]/x;
        MR[x_] := D[R[x], x];

In[4]:= CR[x_] := {R[x], AR[x], MR[x]}

In[5]:= CR[x] /. x → {50, 100, 180, 260, 300} // TableForm

Out[5]//TableForm=
        9975.  19900.  35676.  51324.  59100.
        199.5  199.    198.2   197.4   197.
        199.   198.    196.4   194.8   194.
```

图 8－39

例 8－20　计算 $\sin 31°$ 和 $\sqrt[6]{65}$。

解　可以利用微分的近似计算来求值，也可以利用 Mathematica 快捷计算出结果。输入及输出如图 8－40 所示。

```
In[1]:= Sin[31 °]
Out[1]= Sin[31 °]
In[2]:= N[%]
Out[2]= 0.515038
In[3]:= N[∛65 (6th root)]
Out[3]= 2.00517
```

图 8－40

例 8－21　在同一坐标系内，作函数 $f(x)=x^3+x^2-2x-1$ 的图像和在 $x=1$ 处的切线。

解　输入及输出如图 8－41 所示。

```
In[1]:= f[x_] := x^3 + x^2 - 2 x - 1;
        g1 = Plot[f[x], {x, -4, 3}];
        g2 = Plot[f'[1] * (x - 1) + f[1], {x, -4, 3}, PlotStyle → Dashed];
        Show[g1, g2]
```

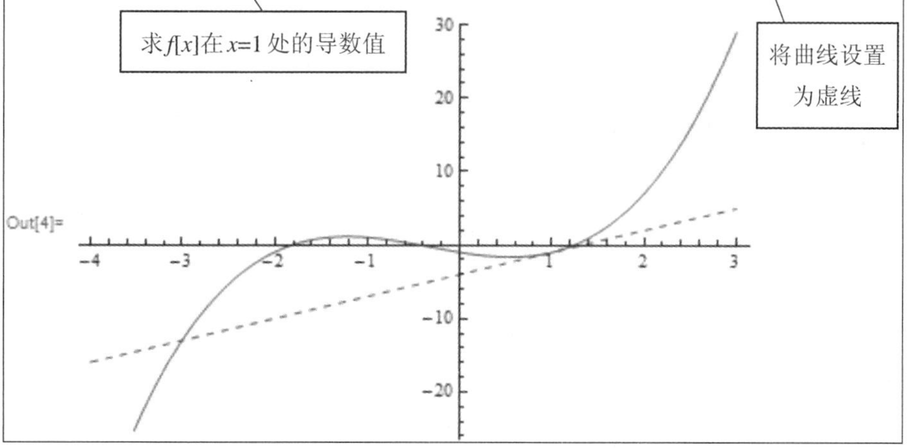

图 8－41

三、求函数的最大值和最小值

在 Mathematica 中可以用如下函数求函数的最大值和最小值：

(1) Maximize[f[x]，x]：给出 $f(x)$的最大值及最大值点。

(2) Maximize[{f[x]，*cons*}，x]：给出 $f(x)$的满足条件 *cons* 时的最大值及最大值点。

(3) Minimize[f[x]，x]：给出 $f(x)$的最小值及最小值点。

（4）Minimize[{f[x]，$cons$}，x]：给出 $f(x)$的满足条件 $cons$ 时的最小值及最小值点。

（5）ArgMax[f[x]，x]：求 $f(x)$的最大值点。

（6）MaxValue[f[x]，x]：求 $f(x)$的最大值。

（7）ArgMin[f[x]，x]：求 $f(x)$的最小值点。

（8）MinValue[f[x]，x]：求 $f(x)$的最小值。

例 8-22 求函数 $f(x)=x^3-3x^2-9x+1$，$x\in[-2, 4]$的最值，并绘制图像。

解 定义函数，利用内建函数 Maximize[f[x]，x]求解。输入及输出如图 8-42 所示。

```
In[1]:= f[x_] := x^3 - 3 x^2 - 9 x + 1

In[2]:= Maximize[f[x], -2 ≤ x ≤ 4, x]
Out[2]= {6, {x → -1}}

In[3]:= Minimize[{f[x], -2 ≤ x ≤ 4}, x]
Out[3]= {-26, {x → 3}}
```

图 8-42

也可以用 MaxValue 或者 MinValue 直接求其最值，如图 8-43 所示。

```
In[1]:= f[x_] := x^3 - 3 x^2 - 9 x + 1

In[2]:= MaxValue[{f[x], -2 ≤ x ≤ 4}, x]
Out[2]= 6

In[3]:= MinValue[{f[x], -2 ≤ x ≤ 4}, x]
Out[3]= -26

In[4]:= Plot[f[x], {x, -2, 4}]
```

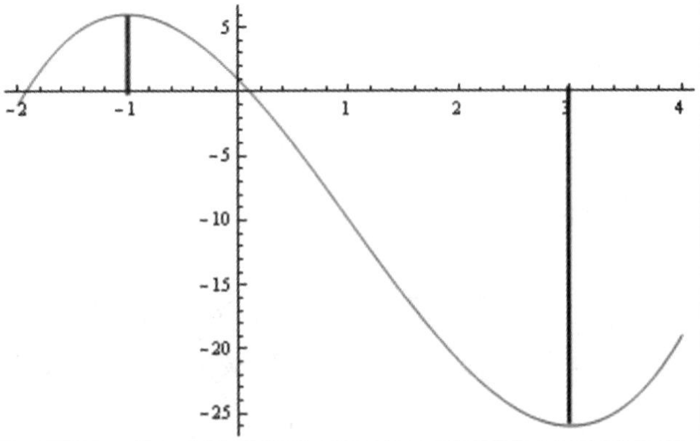

图 8-43

例 8－23 比较函数 $f(x)=e^x$ 与 $g(x)=x+1$ 的大小。

解 输入及输出如图 8－44 所示。由图 8－44 可知 $f(x)>g(x)$。

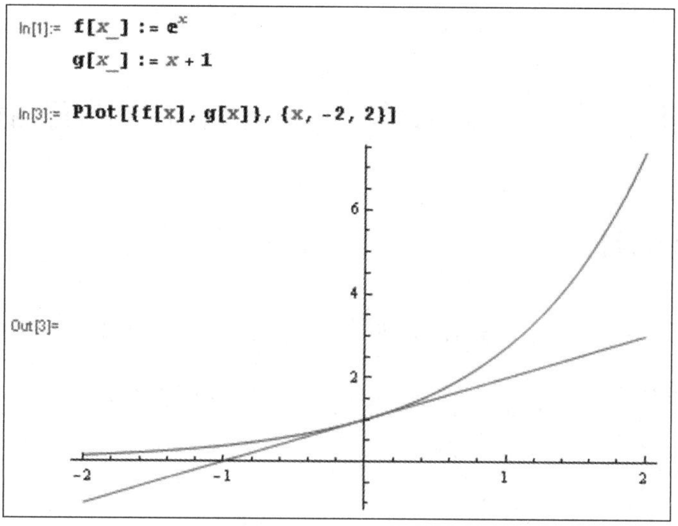

图 8－44

例 8－24 一根线长 100 厘米，要用它构成一个正方形和一个圆形，如何分配才能使它所构成的图形面积最小(最大)。

解 设正方形边长为 x 厘米，圆的半径为 r 厘米，则圆的周长为 $2\pi r$ 厘米，正方形的周长为 $4x$ 厘米。由题意知 $4x+2\pi r=100$，而两个图形的面积之和可以由函数 $S(x)=x^2+\pi r^2$ 表示。输入及输出如图 8－45 所示。

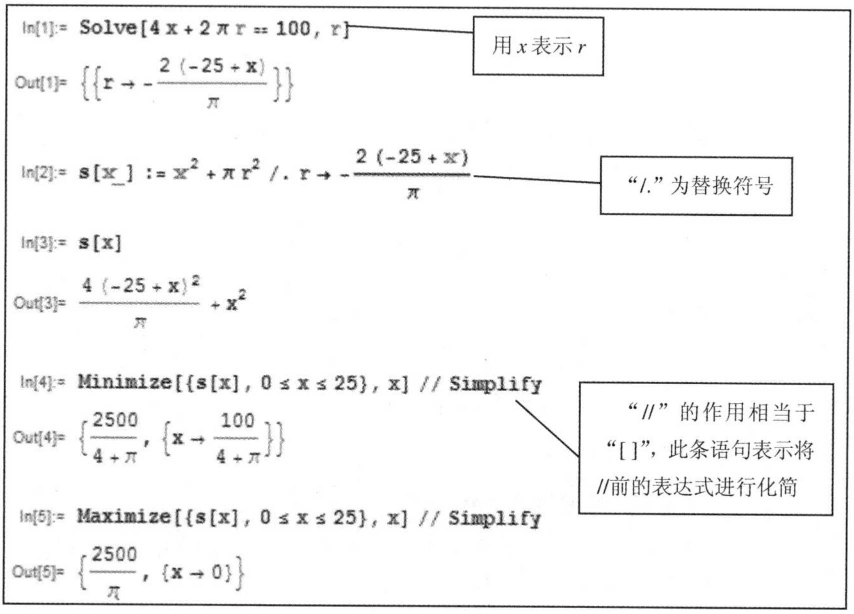

图 8－45

由此可见，最小面积是在正方形边长为$\dfrac{100}{4+\pi}$时达到的，最大面积是在 $x=0$（即所有线都用来构成圆）时达到的。

第四节　Mathematica 在积分中的应用

一、不定积分的计算

内建函数 Integrate[f，x]用于求$\int f(x)\mathrm{d}x$。使用基本输入模板输入积分符号更方便，也可以使用快捷键 Esc+intt+Esc 直接输入。

例 8－25　求下列不定积分：

(1) $\int(x^2+3x-7)\mathrm{d}x$；

(2) $\int\dfrac{1}{x^2-1}\mathrm{d}x$；

(3) $\int\arctan x\mathrm{d}x$。

解　直接利用 Integrate 或积分符号求解。输入及输出如图 8－46 所示。

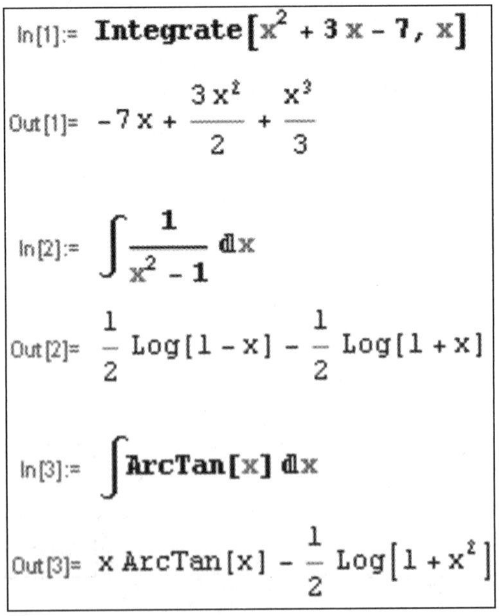

图 8－46

对于不定积分的计算，使用的方法不同可能得到不同的结果，但实质上是一样的。如果用 Mathematica 求解的结果与用传统方法计算出来的结果不完全一致(这是因为没有化简或是计算中使用了双曲函数)，则只需将结果进行化简或转换即可。如图 8－47 所示，内建函数 TrigToExp 用于把三角函数式转化成指数形式。

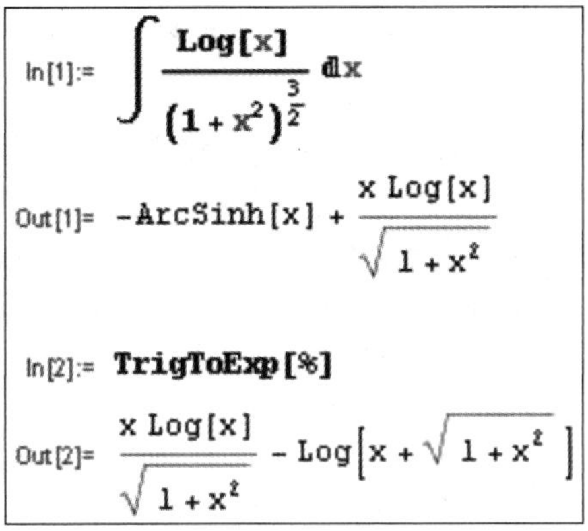

图 8－47

同样，Mathematica 也可以对抽象函数求某些积分。如图 8－48 所示，其中导数符号用键盘上的单引号表示，连续输入两个单引号表示二阶导数。

例 8－26 构造 $\int \sin^n x \, \mathrm{d}x$ 在 $n=1, 2, \cdots, 10$ 时的积分表。

解 利用 Table 函数构建积分表。输入及输出如图 8－49 所示。

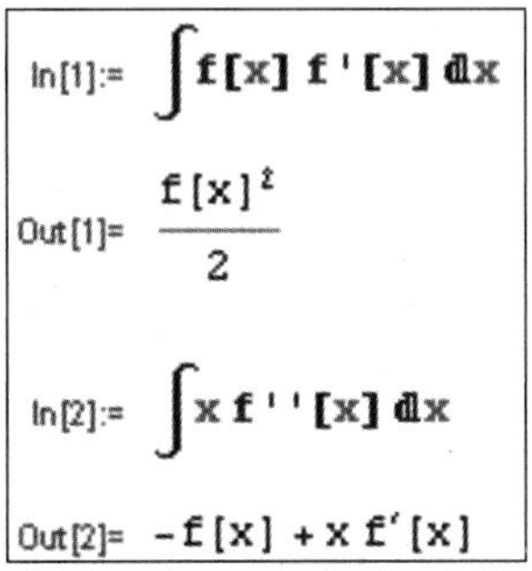

图 8－48

图 8－49 中内建函数 TableForm 的作用是将//的结果进行列表排列。也可将此条语句改为如图 8－50 所示的语句，所得结果一样。

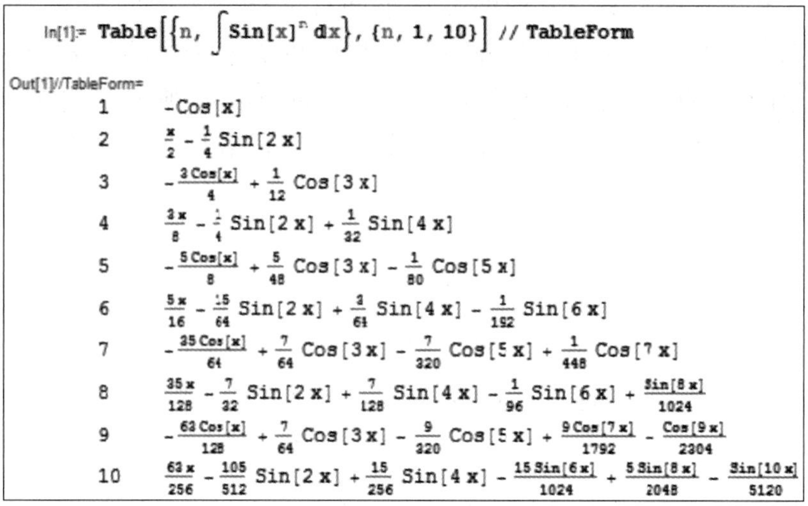

图 8-49

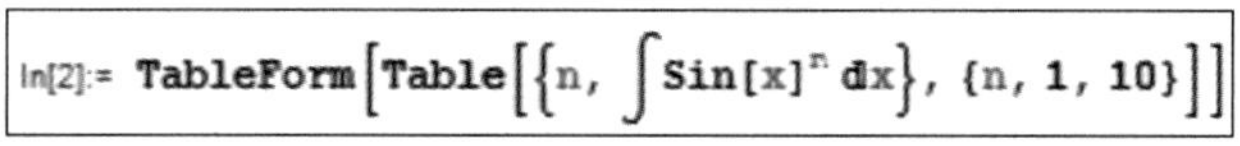

图 8-50

二、定积分的计算

内建函数 Integrate[f, {x, a, b}]用于求 $\int_a^b f(x)\mathrm{d}x$。通常使用基本输入模板输入积分符号更方便，或使用快捷键 Esc+dint+Esc。求定积分的数值解用内建函数 NIntegrate[f, {x, a, b}]。

例 8-27 求下列不定积分：

(1) $\int_0^1 \frac{1}{1+x^2}\mathrm{d}x$； (2) $\int_1^4 \frac{\ln x}{\sqrt{x}}\mathrm{d}x$。

解 可以直接输入计算求值，见图 8-51，也可以直接求其数值解，见图8-52。

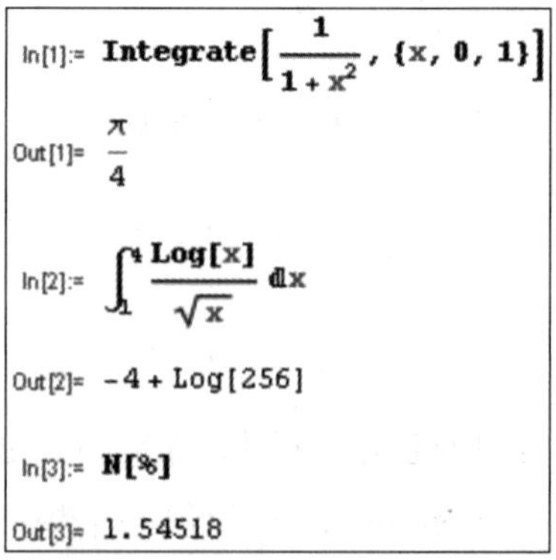

图 8-51

In[4]:= $\text{NIntegrate}\left[\dfrac{1}{1+x^2}, \{x, 0, 1\}\right]$

Out[4]= 0.785398

In[5]:= $\text{N}\left[\int_1^4 \dfrac{\text{Log}[x]}{\sqrt{x}}\,dx\right]$

Out[5]= 1.54518

图 8－52

例 8－28　计算下列广义积分：

(1) $\int_0^{+\infty} e^{-x}dx$；　(2) $\int_{-\infty}^{+\infty}\frac{1}{1+x^2}dx$；　(3) $\int_1^{\infty} x^n dx$。

解　直接输入计算即可。(1)～(3)的输入及输出如图 8－53 所示。

In[1]:= $\int_0^{+\infty} e^{-x}\,dx$

Out[1]= 1

In[2]:= $\int_{-\infty}^{+\infty} \dfrac{1}{1+x^2}\,dx$

Out[2]= π

In[3]:= $\int_1^{\infty} x^n\,dx$

Out[3]= $\text{ConditionalExpression}\left[-\dfrac{1}{1+n}, \text{Re}[n] < -1\right]$

图 8－53

图 8－53 中(3)的结果是一个条件表达式，即在 $n<-1$ 时，广义积分的结果为 $-\frac{1}{1+n}$。也可用 $Assumptions 提前指出 n 的取值范围，如图 8－54 所示。

In[4]:= $Assumptions = n < -1; (*指定参数n的取值范围*)

In[5]:= $\int_1^{\infty} x^n\,dx$

Out[5]= $-\dfrac{1}{1+n}$

图 8－54

例 8－29　求 $y=2x^2$ 及 $y=2x+5$ 所围成的图形的面积。

解　首先画出图形，然后解出交点坐标，利用所求坐标进行定积分求解，如图 8－55 所示。

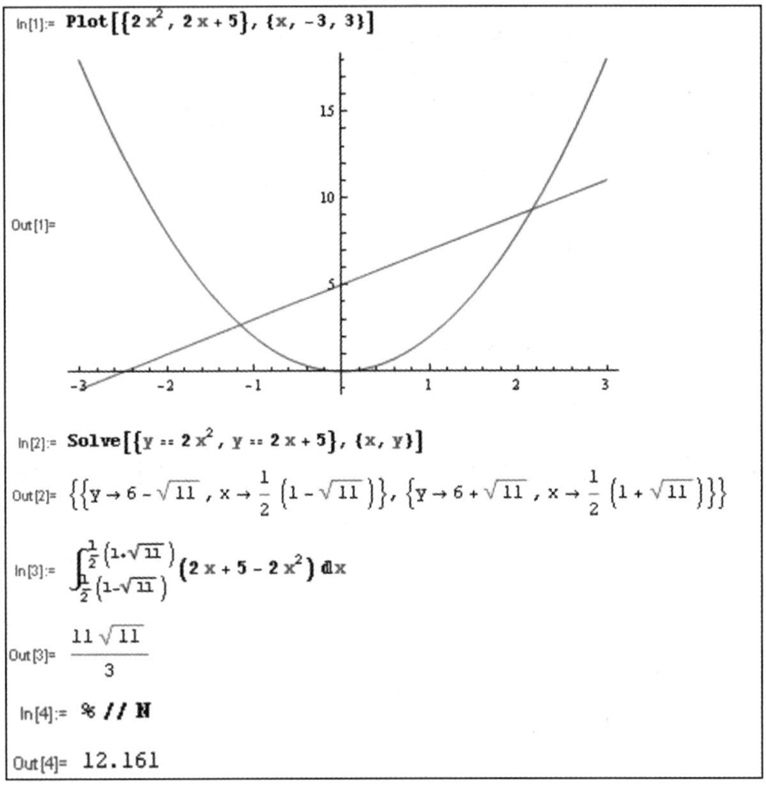

图 8－55

第五节　Mathematica 在微分方程中的应用

Mathematica 能以符号方式或数值方式求解微分方程，其输出结果可能与人工计算的结果在形式上有所不同，但实质是一样的。

一、微分方程(组)的求解

解微分方程的内建函数如下：

(1) DSolve[*eqn*，$y[x]$，x]：求微分方程的通解 $y[x]$，其中 x 是自变量。

(2) DSolve[{*eqn*，$y[x_0]==y_0$}，$y[x]$，x]：求满足条件 $y(x_0)=y_0$ 的特解 $y(x)$。

(3) DSolve[{*eqn*1，*eqn*2，…}，{$y_1[x]$，$y_2[x]$，…}，x]：求微分方程组的通解。

(4) DSolve[{*eqn*1，…，$y_1[x_0]==y_1$，…}，{$y_1[x]$，…}，x]：求方程组的特解。

（5）DSolveValue[*eqn*，*expr*，*x*]：给出由独立变量为 x 的常微分方程 *eqn* 的符号解确定的 *expr* 的值。

注意：在书写方程等号时，一定要用两个等号“＝＝”表示；所有在方程中出现的函数 y 要用 $y[x]$ 来表示。

例 8－30　求方程 $y'''-y''=x$ 的通解。

解　输入及输出如图 8－56 所示，由此可知通解为

$$y=c_1\mathrm{e}^x+c_2+c_3x-\frac{x^2}{2}-\frac{x^3}{6}$$

```
In[1]:= DSolve[y'''[x] - y''[x] == x, y[x], x]

Out[1]= {{y[x] → -x^2/2 - x^3/6 + e^x C[1] + C[2] + x C[3]}}
```

图 8－56

例 8－31　求方程组 $\begin{cases}x'-y=0\\y'+x=0\end{cases}$ 的通解。

解　输入及输出如图 8－57 所示，由此可知通解为

$$x=c_1\cos t+c_2\sin t$$
$$y=c_2\cos t-c_1\sin t$$

```
In[1]:= DSolve[{x'[t] - y[t] == 0, y'[t] + x[t] == 0}, {x[t], y[t]}, t]

Out[1]= {{x[t] → C[1] Cos[t] + C[2] Sin[t], y[t] → C[2] Cos[t] - C[1] Sin[t]}}
```

图 8－57

例 8－32　求微分方程 $y''+3y'+2y=x\mathrm{e}^{-2x}$ 的通解。

解　所求通解如图 8－58 所示。

```
In[1]:= DSolveValue[y''[x] + 3 y'[x] + 2 y[x] == x e^(-2 x), y[x], x]
        微分方程解

Out[1]= -1/2 e^(-2 x) (2 + 2 x + x^2) + e^(-2 x) C[1] + e^(-x) C[2]
```

图 8－58

例 8－33　根据牛顿散热定律，物体的温度改变速度正比于物体与外界的温度差。如果物体的温度为 70℃，放在温度为 20℃的环境中，3 分钟后温度为 40℃，请问 6 分钟后温度是多少？

解 用 $u(t)$表示物体在时刻 t 的温度，则

$$\frac{\mathrm{d}u}{\mathrm{d}t}=k(u-20)$$

初始条件为$u(0)=70$。输入及输出如图 8－59 所示。

```
In[1]:= DSolve[{u'[t] == k (u[t] - 20), u[0] == 70}, u[t], t]
Out[1]= {{u[t] → 10 (2 + 5 e^(k t))}}

In[2]:= u[t_] := 10 (2 + 5 e^(k t))
```

图 8－59

下面可用 3 分钟后的温度来确定参数 k 的值。由于下面是对超越函数应用 Solve 命令，因此可以忽略图 8－60 中所给出的警告信息。

```
In[3]:= Solve[u[3] == 40, k]
        Solve::ifun : Inverse functions are being used by Solve, so some
            solutions may not be found; use Reduce for complete solution information. >>
Out[3]= {{k → -1/3 Log[5/2]}}

In[4]:= u[6] /. %[[1, 1]]
Out[4]= 28
```

图 8－60

由图 8－60 可知，6 分钟后的温度为 28℃。

二、微分方程(组)的数值解

内建函数 NDSolve 用于求给定初值条件或边界条件的微分方程(组)的近似解，其格式如下：

NDSolve[*eqns*，*y*，{*x*，$x_{\min}$，$x_{\max}$}]

其中微分方程和初值条件的表示法同 DSolve，未知函数仍有带自变量 $y[x]$和不带自变量 y 两种形式，通常使用后一种更为方便。初值点 x_0 可以取区间[$x_{\min}$，$x_{\max}$]上的任意一点，得到插值函数 InterpolatingFunction[*domain*，*table*]类型的近似解，近似解的定义域 *domain* 一般为[*domain*，*table*]，也有可能缩小。

例 8－34 求微分方程 $y'=x^2+y^2$ 满足初始条件 $y(0)=0$ 的数值解。

解 输入及输出如图 8－61 所示。

```
In[1]:= NDSolve[{y'[x] == x^2 + y[x]^2, y[0] == 0}, y, {x, -2, 2}]

Out[1]= {{y → InterpolatingFunction[{{-2., 2.}}, <>]}}

In[2]:= y = y /. %[[1]]        插值函数

Out[2]= InterpolatingFunction[{{-2., 2.}}, <>]

In[3]:= y[1]

Out[3]= 0.350232

In[4]:= y[1.5]

Out[4]= 1.51745
```

图 8－61

注意：命令 In[1]中第二项参数使用 y 而不是 $y[x]$（比用 $y[x]$好）；Out[1]表明返回的解放在一个表中，不便使用，实际的解就是插值函数；In[2]的结果是用 y 表示解函数的名字，因此当自变量为 1 或 1.5 时均可求其数值解，并且可以画出解的曲线，如图 8－62 所示。

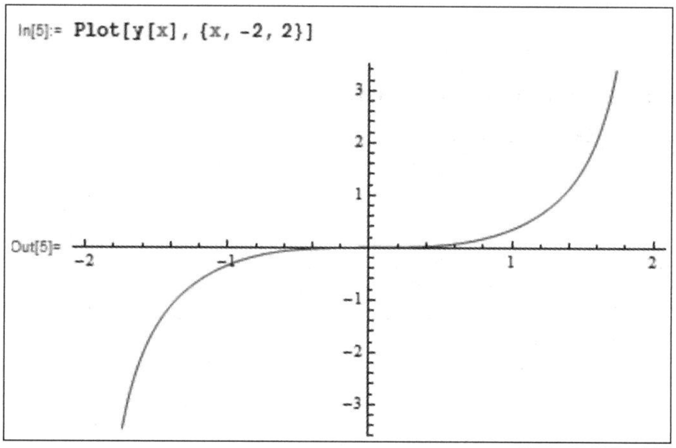

图 8－62

第六节　Mathematica 在数据建模中的应用

数据为我们提供了丰富的信息，然而要从大量看似杂乱无章的数据中揭示事物隐含的内在规律，发掘有用的信息用以科学的判断与决策，则需要我们对这些纷繁复杂的数据进行有效的分析与处理。我们常常要处理一些由试验或测量得到的离散数据，即面临用一个解析函数来描述数据的任务，而用解析函数来描述已知数据有两种典型的方法——拟合和插值。

一、数据的拟合

拟合模型通过寻找简单的因果变量之间的数量关系，对未知的情形作出预测与预报。它主要依赖观测或试验得到的数据，但这些数据往往有一定的随机误差，因此不必要求近似函数的曲线或曲面通过所有的数据点。在 Mathematica 中，使用内建函数 Fit 进行数据拟合。关于拟合的命令还有很多，比如 FindFit、LinearModleFit 等。

例 8－35（农业生产试验模型） 在研究农业生产的试验中，为分析某地区土豆产量和化肥的关系，得到了每公顷地的氮肥的施肥量与土豆产量的对应关系，见表 8－1。

表 8－1

氮肥施肥量/kg	0	34	67	101	135	202	259	336	404	471
土豆产量/kg	15.18	21.36	25.72	32.29	34.03	39.45	43.15	43.46	40.83	30.75

请根据表 8－1 所示的数据给出土豆产量与氮肥施肥量之间的函数关系。

解 首先，利用 Mathematica 画出土豆产量与氮肥施肥量的散点图，如图 8－63 所示。

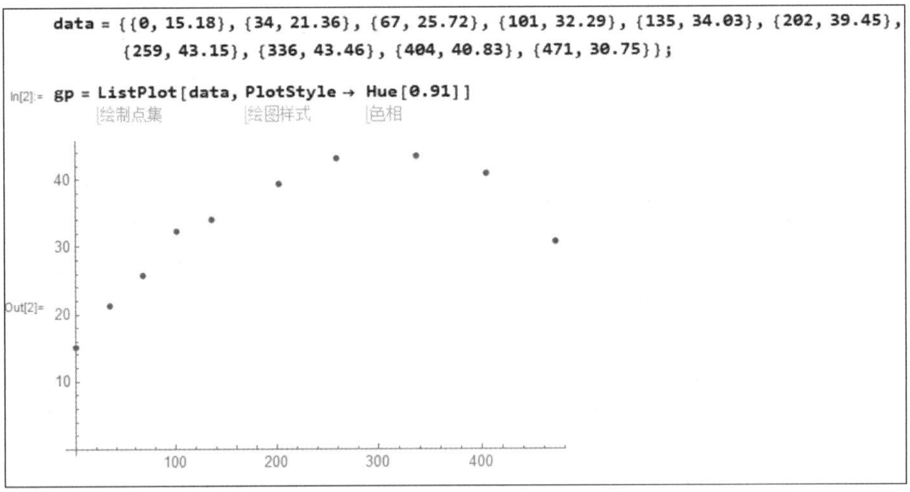

图 8－63

由图 8－63 可以看出，散点图呈二次曲线图形，因此可以取拟合函数 $y=ax^2+bx+c$，其中 x 和 y 分别为氮肥施肥量与土豆产量，a、b 和 c 为待定系数。输入及输出如图 8－64 和图 8－65 所示。

从图 8－65 中可以看出，拟合出的曲线与原散点图较为接近。得出函数后，我们可以给出新的自变量，进行预测。

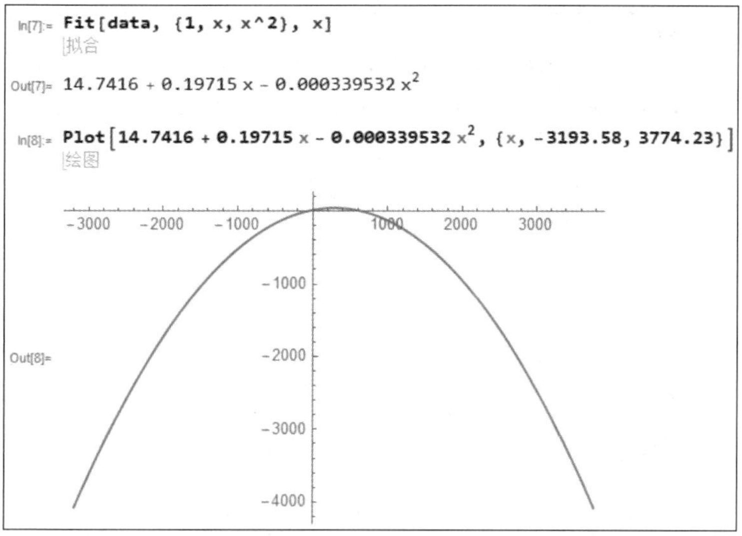

图 8 - 64

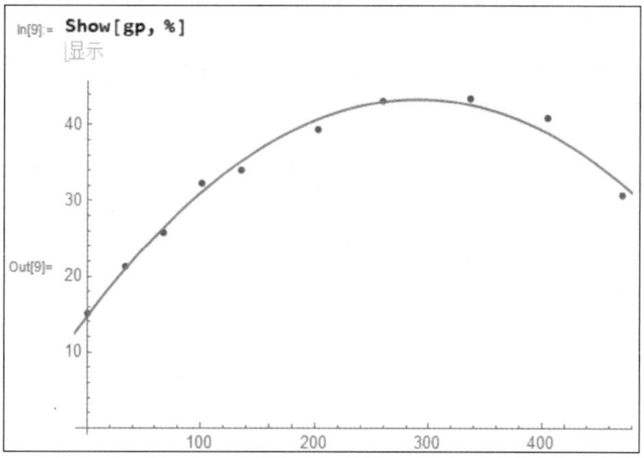

图 8 - 65

二、数据的插值

数据的插值运算是寻找一个函数解析式，让这条曲线通过所有已知数据点，这样数据点之间的数值所对应的函数值可以由插值出来的函数得到。

例 8 - 36(温度预测模型)　在 12 小时内，每隔 1 小时测量一次温室温度，如表 8 - 2 所示。

表 8 - 2

小时/h	1	2	3	4	5	6	7	8	9	10	11	12
温度/℃	5	8	9	15	25	29	31	30	22	25	27	24

解　首先，利用 Mathematica 画出散点图，见图 8 - 66，试图观察出大致走向。

```
data = {{1, 5}, {2, 8}, {3, 9}, {4, 15}, {5, 25}, {6, 29},
   {7, 31}, {8, 30}, {9, 22}, {10, 25}, {11, 27}, {12, 24}};

In[12]:= gp = ListPlot [data, PlotMarkers → {"*"}, PlotStyle → Hue[.9]]
           |绘制点集          |绘制点的标记            |绘图样式      |色相
```

Out[12]=

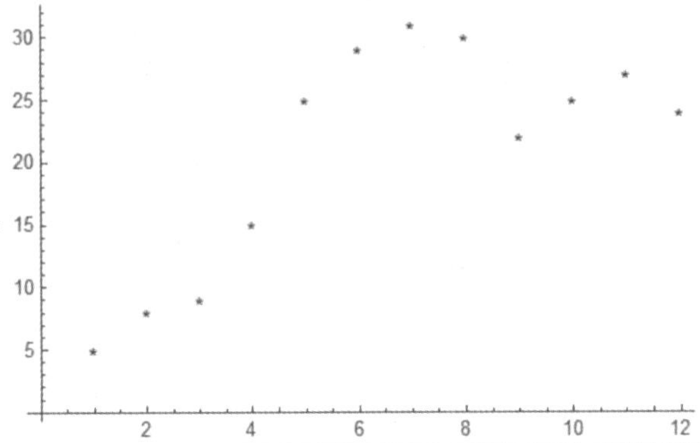

图 8-66

可以发现，从散点图很难观察出函数形式。下面采用插值方法。因为只有一个变量且变量 x 是单调的，所以使用单值插值函数 Interpolation。输入及输出如图 8-67 和图 8-68 所示。

```
In[15]:= f = Interpolation[data]
             |内插

Out[15]= InterpolatingFunction[ Domain: {{1, 12}}
                                Output: scalar ]

In[16]:= f[1.1]

Out[16]= 5.5895

In[17]:= gf = Plot[f[x], {x, 1, 12}]
              |绘图
```

Out[17]=

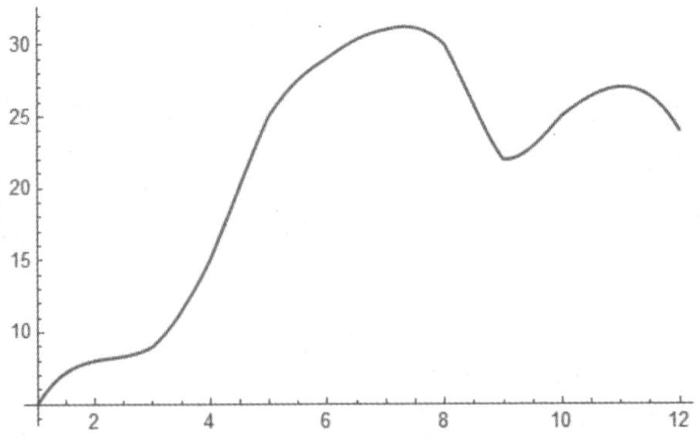

图 8-67

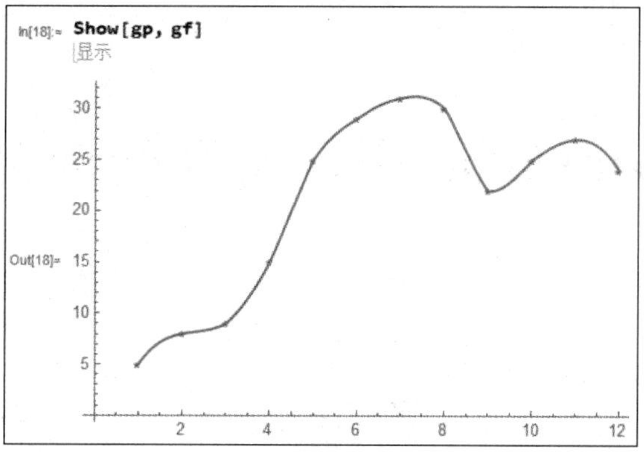

图 8－68

得到函数后，我们来观察 3.2，6.5，7.1，11.7 所对应的函数值，如图 8－69 和图 8－70 所示。

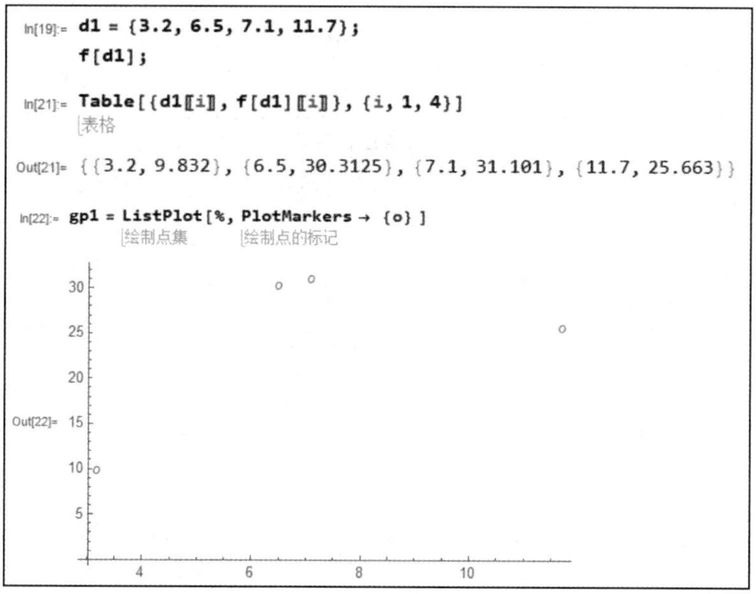

图 8－69

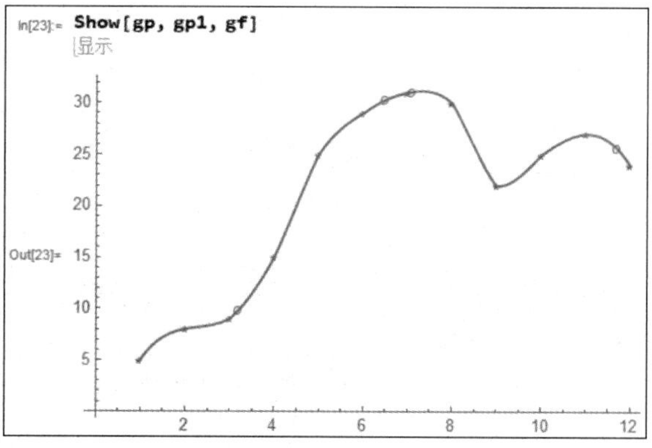

图 8－70

附录 A　Mathematica 软件的内建函数列表

内建函数形式	功　　能
Sin[x]	正弦函数
Cos[x]	余弦函数
Tan[x]	正切函数
Cot[x]	余切函数
Sec[x]	正割函数
Csc[x]	余割函数
ArcSin[x]	反正弦函数
ArcCos[x]	反余弦函数
ArcTan[x]	反正切函数
ArcCot[x]	反余切函数
ArcSec[x]	反正割函数
ArcCsc[x]	反余割函数
Exp[x]	表示 e^x
Log[x]	表示 $\ln x$
Log[a，x]	表示$\log_a x$
Sqrt[x]	表示$\sqrt{x}$
Abs[x]	实数的绝对值或复数的模
Sign[x]	符号函数
Max[x_1，x_2，…]	一组数的最大值
Min[x_1，x_2，…]	一组数的最小值
Re[x]	复数 x 的实部
Im[x]	复数 x 的虚部
Arg[x]	复数 x 的辐角
Floor[x]	不超过 x 的最大整数

续表一

内建函数形式	功　能
Simplify[表达式]	使用变换化简表达式
FullSimplify[表达式]	使用更广泛的变换化简表达式
Factor[表达式]	用于和式或分式的因式分解
Collect[表达式，x]	把表达式中的 x 的同次幂合并
Collect[表达式，{x，y，…}]	把表达式按 x，y，…的同次幂合并
Expand[表达式]	把表达式展开
Together[表达式]	通分
Cancel[表达式]	约去分子、分母的公因子
Apart[表达式]	把有理式分解为最简分式的和
TrigExpand[表达式]	把三角函数式展开
TrigFactor[表达式]	把三角函数式因式分解
TrigReduce[表达式]	用倍角公式化简三角函数式
TrigToExp[表达式]	把三角函数式转化成指数形式
Solve[*eqns*，*vars*]	对系数按常规约定求出方程(组)的全部解
Reduce[*eqns*，*vars*]	讨论系数出现的各种可能情况，分别求解
Plot[$f(x)$，{x，a，b}]	绘制函数 $f(x)$在区间[a，b]内的图形
Plot[{$f_1(x)$，$f_2(x)$，…}，{x，a，b}]	在区间[a，b]内同时绘制多个函数的图形
ParametricPlot[{$x(t)$，$y(t)$}，{t，a，b}]	在区间[a，b]内画出参数曲线图
ParametricPlot[{{$x_1(t)$，$y_1(t)$}，{$x_2(t)$，$y_2(t)$}，…}，{t，a，b}]	在区间[a，b]内同时绘制多个参数曲线图
ListPlot[{y_1，y_2，…}]	画出点列(1，y_1)，(2，y_2)，…
ListPlot[{{x_1，y_1}，{x_2，y_2}，…}]	画出点列(x_1，y_1)，(x_2，y_2)，…
Plot3D[f[x]，{x，a，b}，{y，c，d}]	绘制二元函数 $z=f(x, y)$
Limit[f[x]，$x\to x_0$]	求函数 $f(x)$当 $x\to x_0$ 时的极限
Limit[f[x]，$x\to\infty$]	求函数 $f(x)$当 $x\to\infty$时的极限
D[f[x]，x]	求函数 $f(x)$的导数 $f'(x)$
D[f[x]，{x，n}]	求函数 $f(x)$的 n 阶导数 $f^{(n)}(x)$
Maximize[f[x]，x]	给出 $f(x)$的最大值及最大值点
Maximize[{f[x]，*cons*}，x]	给出 $f(x)$的满足条件 *cons* 时的最大值及最大值点
Minimize[f[x]，x]	给出 $f(x)$的最小值及最小值点

续表二

内建函数形式	功　能
Minimize[{$f[x]$, $cons$}, x]	给出 $f(x)$的满足条件 $cons$ 时的最小值及最小值点
Integrate[$f[x]$, x]	求不定积分 $\int f(x)\mathrm{d}x$
Integrate[$f[x]$, {x, a, b}]	求定积分 $\int_a^b f(x)\mathrm{d}x$
DSolve[eqn, $y[x]$, x]	求微分方程的通解 $y(x)$，其中 x 是自变量
DSolve[{eqn, $y[x_0]==y_0$}, $y[x]$, x]	求满足条件 $y(x_0)=y_0$ 的特解 $y(x)$
DSolve[{$eqn1$, $eqn2$, …}, {$y_1[x]$,$y_2[x]$,…}, x]	求微分方程组的通解
DSolve[{$eqn1$, …, $y_1[x_0]==y_1$, …}, {$y_1[x]$, …}, x]	求方程组的特解
TableForm[{数据}]	用表格的形式表示数据
Unprotect[变量字母]	解除变量保护
$expr$/. x->a	将表达式 $expr$ 里的 x 替换成 a

附录B 习题答案

习 题 一

1. (1) $4(x-y)^2(3y-2x)$； (2) $(3a-4b)^2$； (3) $m(a-20)(a+2)$。

2. (1) $x_1=\frac{16}{7}$，$x_2=\frac{4}{3}$； (2) $x_1=3$，$x_2=\frac{9}{2}$； (3) $x_1=x_2=-\frac{3}{2}$。

3. (1) $\{x|x\in\mathbf{R},\ x\neq-1,\ x\neq4\}$； (2) $(-\infty,\ 2]$；
   (3) $\{x|x\geqslant3$ 或 $x\leqslant2$，且 $x\neq1\}$。

4. (1) 无界； (2) 有界。

5. (1) 偶函数； (2) 非奇非偶函数； (3) 奇函数； (4) 奇函数。

6. (1) $y=\sqrt{u}$，$u=2x-3$； (2) $y=\cos u$，$u=3x$； (3) $y=e^u$，$u=x^2$；
   (4) $y=\ln u$，$u=\sin x$； (5) $y=\sin u$，$u=\tan v$，$v=x^3-1$；
   (6) $y=u^2$，$u=\ln v$，$v=\cos w$，$w=e^x$。

习 题 二

1. (1) 0； (2) 发散； (3) $\frac{1}{2}$； (4) 发散。

2. $\lim\limits_{x\to0}f(x)=2$，当 $x\to1$ 时极限不存在。

3. (1) 无穷小； (2) 无穷大； (3) 无穷大。

4. (1) 0； (2) 0。

5. (1) 6； (2) -2； (3) $\frac{4}{5}$； (4) $\frac{6}{5}$； (5) $\frac{1}{3}$； (6) ∞。

6. (1) 0； (2) ∞； (3) 3； (4) ∞； (5) 0； (6) $\frac{5}{3}$。

7. (1) $\cos\frac{1}{6}$； (2) $\frac{1}{2}$； (3) $\frac{1}{4}$； (4) 1。

8. (1) $\frac{2}{3}$； (2) $\frac{3}{2}$； (3) $\frac{2}{5}$； (4) 0； (5) 6； (6) $\frac{1}{2}$。

9. (1) e^{-6}; (2) e^{15}; (3) e^{8}; (4) $e^{-\frac{4}{3}}$。

10. 2030.23 元。

11. (1) 连续，$\lim\limits_{x\to0}f(x)=\lim\limits_{x\to0}x^2\sin\dfrac{1}{x}=0=f(0)$；

(2) 不连续，$\lim\limits_{x\to0^-}f(x)=\lim\limits_{x\to0^-}(1-\cos x)=0\neq f(0)=1$。

12. (1) $\dfrac{e}{2}$; (2) 2。

13. 略。

习 题 三

1. (1) $5x^4$; (2) $\dfrac{1}{3}x^{-\frac{2}{3}}$; (3) $\dfrac{3\sqrt{x}}{2}$; (4) $-\dfrac{3}{x^4}$;

(5) $-\dfrac{1}{2x\sqrt{x}}$; (6) $-\dfrac{3}{2x^2\sqrt{x}}$。

2. (1) 切线方程为 $y-12x+16=0$，法线方程为 $x+12y-98=0$；

(2) 切线方程为 $x+y-2=0$，法线方程为 $x-y=0$；

(3) 切线方程为 $x-y-1=0$，法线方程为 $x+y-1=0$。

3. (1) $5x^4+27x^2$; (2) $2\cos x-3e^x$; (3) $\dfrac{1}{\sqrt{x}}-\dfrac{3}{x}$; (4) $2x+\sec^2 x$;

(5) $\sec^2 x-2e^x$; (6) $10x^9+10^x\ln10$。

4. (1) $2x\sin x+x^2\cos x$; (2) $xe^x(2+x)$; (3) $e^x(\cos x-\sin x)$;

(4) $e^x(x^2+5x+4)$; (5) $2\ln x+2$; (6) $\dfrac{2}{(x+1)^2}$; (7) $\dfrac{2x^7-10x^4}{(x^3-2)^2}$;

(8) $-\dfrac{1}{x^2}\left(\dfrac{2\cos x}{x}+\sin x\right)$; (9) $e^x\left(\dfrac{1}{\ln x}-\dfrac{1}{x\ln^2 x}\right)$。

5. (1) $15(3x+1)^4$; (2) $-2xe^{-x^2}$; (3) $\cot x$; (4) $\dfrac{3x^2}{2\sqrt{1+x^3}}$;

(5) $e^{\tan x}\sec^2 x$; (6) $e^x\cos e^x$。

6. (1) 1，$\dfrac{3\pi^2}{4}$; (2) 1。

7. (1) $n!$; (2) $(-1)^{n+1}(n-1)!\,x^{-n}$。

8. (1) $6x$; (2) $-\sin x$; (3) $-2\sin x-x\cos x$; (4) $24(2x+1)$;

(5) $\dfrac{-2(x^2+1)}{(x^2-1)^2}$; (6) $2\cos2x$。

9. (1) $-\frac{x}{y}$； (2) $\frac{y}{y-x}$； (3) $\frac{y^2}{1-xy}$； (4) $\frac{\sin x}{e^y-\cos y}$。

10. (1) $\frac{2-10t}{3}$； (2) $-\frac{2e^{2t}}{3}$； (3) -1。

11. (1) $dy=7x^6dx$； (2) $dy=(\cos x-\sin x)dx$；

(3) $dy=(\sin x+x\cos x)dx$； (4) $dy=\frac{x(2-x)}{e^x}dx$；

(5) $dy=\frac{1}{1+x}dx$； (6) $dy=-6\sin 6x dx$。

12. (1) 0.8573； (2) 0.998； (3) 2.0052。

习 题 四

1. (1) 32； (2) 0； (3) $\frac{1}{e}$； (4) -1； (5) ∞； (6) $\frac{1}{6}$； (7) 1；

(8) 0； (9) 0； (10) 0； (11) $+\infty$； (12) 0； (13) $-\frac{1}{2}$；

(14) -1； (15) 1。

2. (1) $(-\infty, 0)$和$(1, +\infty)$内单增，$(0, 1)$内单减；

(2) $(-\infty, -2)$和$(2, +\infty)$内单增，$(-2, 0)$和$(0, 2)$内单减；

(3) $(-\infty, 1)$内单减，$(1, +\infty)$内单增；

(4) $(-\infty, -2)$和$(0, +\infty)$内单增，$(-2, -1)$和$(-1, 0)$内单减。

3. (1) 极小值 $f(\pm 1)=-1$，极大值 $f(0)=0$；

(2) 极小值 $f(2)=0$，极大值 $f(0)=4$；

(3) 极小值 $f(3)=\frac{27}{4}$，无极大值。

4. (1) 最小值 $f(-1)=-5$，最大值 $f(4)=80$；

(2) 最小值 $f(1)=7$，最大值 $f(4)=142$。

5. (1) $(-\infty, -1)$为凹区间，$(-1, 1)$为凸区间，$(1, +\infty)$为凹区间，拐点分别为$(1, 0)$，$(-1, 0)$；

(2) $(-\infty, -\sqrt{3})$为凸区间，$(-\sqrt{3}, 0)$为凹区间，$(0, \sqrt{3})$为凸区间，$(\sqrt{3}, +\infty)$为凹区间，拐点分别为$\left(-\sqrt{3}, -\frac{\sqrt{3}}{4}\right)$，$(0, 0)$，$\left(\sqrt{3}, \frac{\sqrt{3}}{4}\right)$。

6. 64。

7. 15。

8. $C(900)=1775$，$\bar{C}(900)=\frac{71}{36}$，$C'(900)=1.5$。

9. $R(50)=9975$，$\bar{R}(50)=199.5$，$R'(50)=199$。

10. $L'(20)=50$，$L'(25)=0$，$L'(30)=-50$。

11. (1) $C(x)=5x+700$；　(2) $L(x)=2x-700$。

12. (1) 1 千件；　(2) 20 千件；　(3) 675，1835。

13. (1) $C'(x)=5+\frac{x}{5}$，$R'(x)=200+\frac{x}{10}$，$L'(x)=195-\frac{x}{10}$；

(2) 19.25；　(3) 1950。

14. 250。

习　题　五

1. $y=\frac{1}{3}x^3-2$。

2. (1) $\frac{x^6}{6}+C$；　(2) $\frac{2}{3}x^{\frac{3}{2}}+C$；　(3) $-\frac{1}{2x^2}+C$；　(4) $-\frac{2}{\sqrt{x}}+C$；

(5) $x+\frac{3}{2}x^2-\frac{2}{3}x^3+C$；　(6) $\arcsin x-3\ln|x|+C$；

(7) $2\sin x-\arctan x+C$；　(8) $2\sqrt{x}+\frac{2}{3}x^{\frac{3}{2}}+C$；

(9) $x-\ln|x|+\frac{2}{x}+C$；　(10) $\arcsin x+C$；　(11) $\frac{27^x}{3\ln 3}+C$。

3. $Q^2+10Q+20$。

4. (1) $\frac{1}{8}(x-5)^8+C$；　(2) $-\frac{1}{4(2x+1)^2}+C$；　(3) $-\frac{2}{9}(1-3x)^{\frac{3}{2}}+C$；

(4) $\frac{1}{2}e^{2x+1}+C$；　(5) $-\frac{1}{5}\cos 5x+C$；　(6) $\frac{2}{3}\ln|3x+1|+C$；

(7) $-\frac{1}{2}\ln|1-2x|+C$；　(8) $-\frac{1}{6}e^{-3x^2}+C$；　(9) $\frac{1}{9}(3x^2+5)^{\frac{3}{2}}+C$；

(10) $\frac{1}{2}\ln(x^2+1)+C$；　(11) $\ln|\ln x|+C$；　(12) $\frac{1}{3}e^{x^3}+C$；

(13) $-\frac{2}{9}(3-x^3)^{\frac{3}{2}}+C$；　(14) $e^{\sin x}+C$；　(15) $2\sin\sqrt{x}+C$。

5. (1) $\frac{2}{3}(1-x)^{\frac{3}{2}}-2\sqrt{1-x}+C$；　(2) $\sqrt{2x}-\ln(1+\sqrt{2x})+C$；

(3) $\frac{1}{10}(1-2x)^{\frac{5}{2}}-\frac{1}{6}(1-2x)^{\frac{3}{2}}+C$；　(4) $\frac{2}{5}(x+1)^{\frac{5}{2}}-\frac{2}{3}(x+1)^{\frac{3}{2}}+C$；

(5) $2\sqrt{x}-4\sqrt[4]{x}+4\ln(\sqrt[4]{x}+1)+C$。

6. (1) $-x\cos x+\sin x+C$； (2) $x^2\sin x+2x\cos x-2\sin x+C$；

(3) $-e^{-x}(x+1)+C$； (4) $\frac{1}{2}x^2\ln x-\frac{1}{4}x^2+C$；

(5) $x\ln(1+x^2)-2x+2\arctan x+C$； (6) $3e^{\sqrt[3]{x}}(\sqrt[3]{x^2}-2\sqrt[3]{x}+2)+C$。

7. (1) $\frac{1}{3}x^3-\frac{1}{2}x^2+C$； (2) $x-2\arctan\frac{x}{2}+C$；

(3) $\frac{x^2}{2}-\frac{9}{2}\ln(9+x^2)+C$； (4) $\ln|x|-\ln|3x+1|+C$；

(5) $\frac{1}{5}\ln\left|\frac{x-3}{x+2}\right|+C$； (6) $\ln\sqrt{x^2+1}-\arctan x+C$；

(7) $\frac{1}{2}\arctan 2x+C$； (8) $\ln|x|-\ln\sqrt{x^2+1}+C$；

(9) $\frac{5}{7}\ln|x-4|+\frac{2}{7}\ln|x+3|+C$。

习 题 六

1. 3。

2. (1) 0； (2) 0。

3. (1) $5(e-1)$； (2) $\frac{13}{2}$； (3) $\frac{17}{6}$； (4) 4； (5) 1；

(6) $\frac{21}{2}$； (7) $\frac{9}{2}$。

4. (1) $\frac{1}{2}\ln\frac{5}{2}$； (2) $1-\frac{1}{\sqrt{e}}$； (3) $\frac{5}{12}$； (4) $2-2\ln\frac{3}{2}$。

5. (1) $1-\frac{2}{e}$； (2) 1； (3) 0； (4) 1； (5) $\frac{2}{9}e^3+\frac{1}{9}$； (6) $\frac{1}{5}(e^{\pi}-2)$。

6. (1) ∞，发散； (2) ∞，发散。

7. (1) $\frac{125}{6}$； (2) $\frac{9}{2}$； (3) $\frac{3}{2}-\ln 2$； (4) $\frac{32}{3}$。

8. 248 个单位。

9. (1) 470 元； (2) 450 元。

10. 现值为 648.75 元，将来值为 4793.61 元。

习 题 七

1. (1) 不是； (2) 是。

2.（1）$y'=x$；（2）$\begin{cases} y'=2x+y \\ y|_{x=0}=0 \end{cases}$。

3. $k=2$。

4.（1）$y=e^{Cx}$；（2）$3x^4+4(y+1)^3=C$；

（3）$10^x+10^{-y}=C$；（4）$y^2-1=C(x-1)^2$。

5.（1）$4y^2+x^2=32$；（2）$y=\frac{4}{x^2}$。

6.（1）$y=(x+C)e^{-x}$；（2）$y=Ce^{-x^2}+2$；

（3）$y=x^3+Cx$；（4）$y=C\cos x-2\cos^2 x$。

7.（1）$y=\frac{\pi-1-\cos x}{x}$；（2）$y=x\sec x$。

8. $p=10\times 2^{t/10}$。

9. $y=3x^2-x-2$。